Messi, el niño prodigio que desafió al destino

COLECCIÓN
LEGADOS

En *Legados*, cada libro es un viaje íntimo al corazón de una existencia. Biografías reveladoras, memorias conmovedoras, diarios y autobiografías luminosas componen esta colección dedicada a quienes transformaron su tiempo y dejaron una marca indeleble en la historia, el arte, la ciencia o la vida cotidiana.

Aquí se reúnen las voces de quienes vivieron intensamente, pensaron con hondura, sintieron con verdad. Desde grandes personajes públicos hasta figuras anónimas con historias memorables, *Legados* celebra el poder de la experiencia humana cuando se convierte en palabra escrita.

Una colección para los que creen que cada vida bien contada es una lección de coraje, una chispa de inspiración y una forma de eternidad. Porque toda existencia humana merece ser contada. Y recordada.

MARCOS LÓPEZ GABOR

Messi, el niño prodigio que desafió al destino

ALCARAZ
EDICIONES

© Alcaraz Ediciones, 2025
© Marcos López Gabor, 2025
Mare Nostrum, 44
46420 – El Perelló
Sueca, Valencia
Teléf.: (+34) 910 46 54 33
e-mail: info@ alcarazediciones.es
https://alcarazediciones.es

I.S.B.N.: 979-13-87586-80-5

Diseño y maquetación: Iván García Molinero
Printed in Spain / Impreso en España

ÍNDICE

PRÓLOGO:
Un milagro en zapatillas pequeñas

L a historia de Messi no comienza en los estadios. Comienza en el silencio, en el dolor físico, en la mirada baja de un niño pequeño que parecía frágil, callado, diminuto. Pero que, sin saberlo, llevaba en los pies una llamarada antigua, una especie de don inexplicable. Un fuego de los dioses.

A Lionel Messi no lo moldeó la gloria, sino la carencia. "Pesaba poco más de veinte kilos a los diez años", recuerda un antiguo entrenador de Newell's. Era tan menudo que los rivales, al principio, dudaban de su edad. Hasta que tocaba la pelota. Entonces todo cambiaba.

En el barrio Las Heras, en Rosario, nadie imaginaba que ese niño escurridizo, que apenas levantaba la vista al hablar, llegaría a ser el mejor jugador de fútbol del mundo. Su madre, Celia, decía con ternura: "Leo era muy chiquito, pero la pelota parecía entenderlo". Y es que, desde el principio, Messi hablaba otro idioma: el del balón.

9

La suya es una historia improbable. Porque en un deporte donde la genética, la altura, la fuerza o la agresividad parecen requisitos, apareció él: un niño con déficit de la hormona del crecimiento, tímido, callado, más propenso a perderse entre sus pensamientos que a levantar la voz. "No hablaba casi nada", recordaría su compañero de infancia Diego Schwarzstein, el endocrinólogo que lo trató. "Pero cuando jugaba, era como si gritara con los pies".

Y, sin embargo, incluso los milagros necesitan ayuda. El tratamiento hormonal era caro, más de mil dólares al mes. La familia Messi no podía costearlo. Jorge, su padre, trabajaba en una fábrica de acero; Celia, la madre, limpiaba en casas particulares. Fueron años duros. "No sabíamos si iba a poder seguir jugando. Solo queríamos que creciera sano", diría su padre años después.

El fútbol, entonces, no era un plan de carrera. Era una salvación íntima. Una forma de estar en el mundo. El niño Messi, que no hablaba en las reuniones familiares ni en el colegio, se transformaba con la pelota. Driblaba como si respirara, aceleraba como si la gravedad no existiera para él. "Parecía flotar", diría un ojeador del Barcelona al verlo por primera vez. Y no exageraba. Porque incluso cuando llegó la oportunidad —ese contrato escrito en una servilleta por el entonces director técnico Carles Rexach—, lo que vino no fue la gloria inmediata. Fue el exilio, el frío, la nostalgia. "Lloraba por las noches", contó su madre en una entrevista. "Extrañaba a sus abuelos, a sus amigos, a su barrio".

La grandeza de Messi no está solo en sus estadísticas —más de 800 goles, más de 40 títulos, 8 Balones de Oro—, sino en lo que no se ve. En la perseverancia silenciosa, en la fidelidad a una ética del trabajo casi monástica, estoica. "Messi no habla mucho, pero escucha todo", dijo Guardiola. Y en ese silencio radica parte de su poder: no necesita decir, necesita hacer.

Este libro no busca glorificar a un ídolo, sino contar el viaje asombroso de un niño que no debía ser futbolista, pero lo fue todo. Un niño que, a fuerza de insistencia, de talento y de una humildad desarmante, cambió la historia del deporte. Que convirtió la fragilidad en fortaleza. Que convirtió el silencio en una forma de gritar gol. "Siempre supe que con esfuerzo podía llegar lejos. Lo demás, lo fui aprendiendo con el tiempo", diría Messi muchos años después. Y es que no hay mejor definición para su vida que la de un milagro. Un milagro en zapatillas pequeñas.

PRIMERA PARTE:
El origen del prodigio

1. Rosario, cuna de sueños imposibles

Rosario no es solo una ciudad argentina. Es una cantera de sueños, una fábrica de rebeldías, una mezcla rugosa de orgullo, pobreza y talento. Allí nació Ernesto Guevara, el Che. Allí surgió también Fito Páez, con sus melodías urbanas y su tristeza luminosa. Y allí, en una esquina del barrio Las Heras, un niño aprendió a desafiar la lógica con una pelota atada al pie.

Lionel Andrés Messi Cuccittini nació el 24 de junio de 1987, en el Hospital Italiano Garibaldi, pero su verdadera escuela fue la vereda. "En el barrio, Leo jugaba todo el día", recuerda su madre, con una mezcla de nostalgia y sorpresa. "A veces lo íbamos a buscar porque ya se hacía de noche, y él seguía con la pelota pegada al pie como si no existiera el resto del mundo".

Las Heras es un barrio humilde del sur de Rosario. Calles de tierra, casas bajas, perros dormidos al sol, gritos de niños que suenan como goles. Allí, entre tapiales y postes eléctricos, se forjaba una infancia sin lujos pero llena de épica cotidiana. "No había canchas con césped. Jugábamos en cualquier lado", diría años después Leo, evocando esos primeros años con la naturalidad de quien no sabe que estaba construyendo un mito.

Su casa quedaba en la calle Estado de Israel, una zona donde lo único que abundaba eran las ganas. "Leo se pasaba horas jugando con sus hermanos y sus primos. Inventaban arcos con piedras, marcaban la cancha con ramas", recuerda Jorge Messi, su padre. El balón era una extensión del cuerpo, una suerte de tótem que lo conectaba con algo más grande que él mismo.

En esas tardes sin prisa, Messi comenzó a mostrar un talento difícil de describir con palabras. "No era solo que no perdía la pelota, era cómo se movía, cómo pensaba antes que los demás", afirma Adrián Coria, uno de los entrenadores que lo vio jugar por primera vez con cinco años. "Parecía que el fútbol lo habitaba desde siempre".

Un dato curioso que pocos conocen: su primer equipo no fue Newell's, sino el Grandoli, un modesto club de barrio que apenas podía mantener su campo en condiciones. Allí jugaba su hermano Rodrigo, y fue su abuela —la gran figura afectiva de su infancia— quien convenció al entrenador para que dejara jugar al pequeño Leo. "Tenía cuatro años y era muy chiquito", contaría Salvador Aparicio, el DT. "Pero cuando lo vi tocar la pelota, entendí que estábamos ante algo especial".

Messi no hablaba mucho. Era reservado, incluso con sus propios compañeros. Pero en el terreno de juego, todo cambiaba. "Parecía que se comunicaba directamente con la pelota", dijo alguna vez un periodista rosarino. Sus movimientos no eran aprendidos, eran instintivos. Como si su cuerpo supiera desde siempre lo que debía hacer.

En Las Heras no había estadios ni focos ni cámaras. Pero hubo magia. "A veces me acuerdo y no lo puedo creer", confesó su amigo de infancia Lucas Scaglia. "Jugábamos como si fuera la final del mundo, pero con zapatillas rotas y sin árbitro". Y ahí, entre el polvo y el calor, se gestó la leyenda.

Millones de niños sueñan con ser Messi. Pero pocos recuerdan que todo empezó en una calle de tierra, en un barrio sin adornos, donde el talento era el único lujo posible.

Detrás de cada genio hay una constelación de silencios, renuncias y afectos invisibles. En el caso de Lionel Messi, esa constelación tenía nombres muy concretos: Jorge y Celia. Su padre y su madre. Una pareja trabajadora que no soñaba con criar a un campeón del mundo, sino con que su hijo pudiera crecer sano, feliz y, con suerte, algo más alto que lo que los médicos predecían.

Jorge Messi era empleado en una acería. Trabajaba en turnos rotativos, con jornadas largas y un salario que apenas alcanzaba para cubrir las necesidades básicas de una familia numerosa. Celia Cuccittini, su esposa, trabajaba como empleada doméstica. En casa eran cuatro hijos: Rodrigo, Matías, Lionel y María Sol. Y entre todos, Leo era el más callado. El más pequeño. El más frágil.

"Mi papá nos enseñó a no bajar nunca los brazos", contaría Messi muchos años después. Y es que Jorge era un hombre de pocas palabras pero de convicciones férreas. Apasionado del fútbol, llegó a entrenar equipos infantiles en el barrio. Fue él quien inscribió a Leo en su primer club. "Desde el principio, vi algo distinto en él. Pero nunca lo presionamos. Lo dejábamos ser", recordaría.

Celia, por su parte, era el refugio emocional. La que preparaba la mochila, cosía los pantalones rotos de tanto jugar, le daba las inyecciones hormonales cada noche. "Me temblaba la mano", confesó una vez. "Pero Leo me miraba sin miedo, y eso me daba fuerza". Fue ella quien más creyó en el niño silencioso con la pelota mágica. "Mi mamá es todo para mí", diría Lionel con los ojos húmedos después de ganar la Copa América.

El hogar de los Messi no tenía lujos. La televisión era pequeña, los muebles eran modestos y los juguetes, compartidos. Pero había algo más importante: una ética familiar basada en el esfuerzo, la humildad y la unidad. "Nunca fuimos de derrochar. Aprendimos a valorar cada cosa", explicaría Rodrigo, su hermano mayor.

Cuando llegó el diagnóstico —déficit de la hormona del crecimiento—, la familia se volcó en encontrar soluciones. El tratamiento era carísimo: cerca de mil quinientos dólares al mes. Una cifra imposible para un hogar obrero rosarino de los años noventa. Aun así, no se rindieron. Tocaron puertas, pidieron ayuda, incluso probaron suerte en Buenos Aires. Todo, por el bienestar de su hijo.

"Lo único que queríamos era que pudiera crecer como cualquier otro chico", diría Jorge. Pero Leo no era como cualquier otro chico. Jugaba como si tuviera una brújula secreta en los pies. Como si cada pase, cada amague, cada disparo, obedeciera a una ley interna que nadie más comprendía.

Celia y Jorge no leían tratados de psicología, ni asistían a conferencias sobre crianza. No necesitaban hacerlo. Su intuición era simple y poderosa: dejar crecer a Leo a su ritmo, sin forzarlo a hablar, sin exigirle que se mostrara. Respetar su mundo interior. Acompañarlo, sin invadirlo. Sostenerlo, sin empujarlo.

Los pilares invisibles de Messi no figuran en los resúmenes de los partidos ni en las portadas de los diarios. Pero están ahí, en cada gesto de humildad, en cada declaración medida, en cada abrazo a sus hijos. "Todo lo que soy se lo debo a mis padres", repite siempre que tiene ocasión.

Y es que el fútbol, para Leo, nunca fue solo un juego. Fue una herencia. Una forma de honrar las manos callosas de su padre, los desvelos de su madre, el sacrificio de una familia que apostó todo a lo invisible.

Lionel Messi siempre fue un niño silencioso. Tan silencioso, que a veces los adultos pensaban que algo no marchaba bien. En las reuniones familiares, se sentaba en una esquina, con la mirada baja, apenas murmurando alguna palabra si alguien le preguntaba algo directamente. No era hostil, ni maleducado. Simplemente, habitaba otro ritmo. Otro mundo.

"Leo no hablaba casi nada. A veces pensábamos que era por timidez, pero en realidad era porque no necesitaba hablar", contaría su abuela Celia, quien supo intuir desde temprano que ese silencio no era vacío, sino profundidad.

En una cultura que valora la extroversión como sinónimo de salud emocional, Lionel crecía como un niño introvertido y reservado. Su madre recuerda que en la escuela primaria casi no levantaba la mano. "Era obediente, aplicado, pero no participaba. No le gustaban las exposiciones, ni los actos. Solo quería salir al recreo y jugar al fútbol".

Y sin embargo, ese silencio era engañoso. Porque Messi nunca fue desconectado del mundo. Observaba. Escuchaba. Procesaba. "Era el típico chico que parecía estar en las nubes, pero cuando hablaba, decía algo que te dejaba pensando", recordó un antiguo profesor de la escuela Lavalle.

En la cancha, ese mundo interior se transformaba en lenguaje. "Con la pelota, Leo se expresaba", dijo su padre. "Ahí sí hablaba, gritaba, pedía pases. Era otra persona". Como si el fútbol activara una frecuencia distinta, una especie de sintonía en la que por fin se sentía comprendido.

Los psicólogos deportivos han hablado a menudo del "perfil Messi": niños altamente sensibles, con gran concentración, poco interés por lo social convencional y una notable conexión con una actividad específica. En su caso, el fútbol. "Hay personas que son hipersensibles al entorno, y encuentran en un arte o una disciplina una vía de expresión que los demás no comprenden del todo", explica el especialista español José Carrasco.

En más de una entrevista, Messi ha admitido que no le gusta hablar. "No soy de decir muchas cosas. Prefiero demostrar en la cancha". Y lo ha cumplido. Rara vez se le ve dando discursos largos o frases grandilocuentes. Pero cuando se trata de jugar, su mensaje es claro, nítido, imposible de ignorar.

Algunos han especulado con diagnósticos —¿síndrome de Asperger?, ¿rasgos autistas?—, pero nunca hubo una confirmación clínica. Y quizás no haga falta. Porque lo importante no es ponerle nombre a su forma de ser, sino entender que su silencio no fue una barrera, sino una puerta a otra forma de estar en el mundo.

En una época ruidosa, donde todos opinan y gritan, Messi se convirtió en un símbolo de otra cosa: la concentración, la introspección, la eficacia sin alarde. "Yo no necesito demostrar nada. Yo solo juego", dijo una vez, tras marcar un hat-trick con el Barcelona y salir del campo como si nada hubiera pasado.

Ese es su modo. No busca convencer, sino emocionar. No necesita hablar, porque cuando toca la pelota, el mundo entero lo escucha.

Durante años, algunos periodistas y psicólogos aventuraron una hipótesis tan controvertida como sugestiva: ¿y si Lionel Messi tuviera el síndrome de Asperger? La pregunta, nunca confirmada ni negada por él ni su entorno, flotó en el aire como una forma — torpe quizá, pero reveladora— de intentar comprender su forma de estar en el mundo. Su modo de mirar, de moverse, de hablar... o de no hacerlo.

El Asperger, dentro del espectro autista, se asocia a personas con una inteligencia normal o superior, pero con una forma de socialización diferente, un lenguaje literal, intereses obsesivos y una capacidad de concentración extraordinaria. "Son mentes enfocadas en un punto, capaces de profundizar como nadie", explica el neurólogo argentino Facundo Manes. "Y en muchos casos, esa 'rareza' es en realidad una forma superior de atención".

¿Encaja Messi en esa descripción? En parte sí. Desde pequeño mostró una fijación absoluta por el balón. "Podía pasarse horas con la pelota en el patio, solo, sin aburrirse", recuerda su madre. "No necesitaba a nadie para jugar, él se bastaba con su imaginación".

En la escuela, no destacaba por su sociabilidad. Prefería los recreos silenciosos o los partidos improvisados. "Era como si todo lo demás le resultara secundario. Lo único que parecía tener sentido era jugar", contaría una de sus maestras de primaria. Esa intensidad, lejos de ser un obstáculo, fue su brújula.

Incluso hoy, en plena madurez, sigue siendo así. "Messi no es un líder de arengas ni de gestos exagerados. Es un líder que contagia desde la concentración extrema", escribió el periodista Martí Perarnau. Esa mirada fija antes de los tiros libres, ese gesto serio al entrar al campo, ese silencio previo al estallido del gol... todo parece indicar que su cabeza funciona en una frecuencia distinta.

Uno de sus excompañeros en la Masía lo definió con precisión: "Leo era raro, pero en el buen sentido. No necesitaba llamar la atención. No se metía en líos. Solo jugaba. Siempre jugaba".

Los grandes genios suelen ser incomprendidos en su infancia. Mozart, Tesla, Newton... todos fueron tachados de excéntricos, de diferentes, de "demasiado centrados en lo suyo". En el caso de Messi, su obsesión fue el fútbol. Pero también su refugio, su lenguaje, su forma de escapar del ruido del mundo.

"Yo no sé si tengo Asperger ni me interesa saberlo", dijo Messi en una entrevista con tono entre cansado y divertido, cuando se le preguntó por enésima vez. "Yo soy así. Me concentro en lo que me gusta. Y eso es jugar".

La ciencia, quizá, no logre nunca etiquetarlo del todo. Porque lo que define a Messi no es una condición clínica, sino una forma única de mirar el mundo. Su universo es el rectángulo de césped. Su lenguaje, el pase corto, el giro imposible, el disparo al ángulo. Su expresión, el arte de lo mínimo hecho sublime.

En una época donde todo se sobreexplica, Messi sigue siendo un enigma encantador. Y quizá ahí radique su poder: en haber construido un universo propio donde lo emocional, lo físico y lo mental se alinean con una precisión casi mística.

Un universo en el que solo él parece tener las coordenadas. Y al que nosotros, los espectadores, solo podemos asomarnos con asombro.

A algunos niños se les da bien el dibujo. Otros hablan sin parar o se hacen amigos en segundos. Lionel Messi, en cambio, solo sabía jugar. Y en su caso, no era una elección: era una forma de comunicarse con el mundo. Porque cuando no encontraba las palabras, cuando las emociones lo desbordaban o el ruido de los adultos lo confundía, allí estaba el fútbol. Claro, limpio, puro. Su idioma verdadero.

"Desde que camina, tiene una pelota al lado", contaba su madre Celia. "No era solo que jugara: es que parecía entender el fútbol de una manera que no se puede enseñar". Ese don, que se revelaba en cada movimiento, lo convertía en un niño distinto. No más talentoso solamente, sino más conectado a otra lógica, a otra velocidad, como si su cerebro pensara en pases y regates mientras el resto del mundo aún intentaba entender las reglas.

A menudo se dice que los genios inventan sus propias gramáticas. En Messi, esa gramática era la del balón. "No hablaba mucho, pero jugaba como si estuviera contando una historia con los pies", dijo Adrián Coria, uno de sus primeros entrenadores. En efecto, Leo decía "te quiero" con un pase al hueco. Pedía "gracias" con un amague. Y pronunciaba "te escucho" con un toque sutil que rompía la defensa.

No era que no pudiera hablar. Es que prefería hacerlo con el cuerpo. "Con Leo, las palabras sobraban", contó su hermano Rodrigo. "Sabíamos si estaba triste, contento o enojado por cómo jugaba. Todo se reflejaba ahí".

El periodista Ezequiel Fernández Moores lo definió con agudeza: "Messi no habla de fútbol, Messi es fútbol". En un mundo saturado de entrevistas, frases hechas y discursos vacíos, él elige el silencio. Pero no como ausencia, sino como presencia total. Su manera de estar es jugar. Su manera de responder, también.

En cada partido, incluso desde niño, Leo parecía pedir una sola cosa: déjenme jugar. Cuando lo hacía, todo fluía. Su timidez se desvanecía. Su concentración era absoluta. Su cuerpo, en armonía. "Era como ver a alguien que había nacido para eso, como si no pudiera hacer otra cosa", recordó un técnico de Newell's. No porque no quisiera, sino porque no lo necesitaba.

Con el paso del tiempo, esa forma de comunicarse se volvió universal. Sin decir una palabra, Messi emocionó a millones. En Rosario, en Tokio, en El Cairo, en Nueva York, su lenguaje fue comprendido sin traducción. Porque el fútbol, cuando se juega como él lo juega, se convierte en un idioma sin fronteras, sin edad, sin ideología.

"Hay partidos donde Messi no dice ni una palabra", reveló Andrés Iniesta. "Pero todos sabemos qué quiere, adónde va, qué necesita.

Se comunica de otra forma. Es como si hablara en código".

Y así ha sido siempre. Desde aquel niño que corría con la camiseta roja y negra del Grandoli por las calles polvorientas de Las Heras, hasta el ídolo que levantó la Copa del Mundo en Qatar. Siempre con la misma voz: la del balón.

Messi no necesita explicar lo que siente. Porque cada vez que toca la pelota, nos lo dice todo.

2. *La infancia marcada por el desafío*

A los nueve años, Lionel Messi medía lo mismo que un niño de seis. Su cuerpo, menudo y frágil, comenzaba a levantar sospechas en los entrenadores, que no entendían cómo un talento tan descomunal podía estar encerrado en una estatura tan baja. "Jugaba como un gigante, pero era el más pequeño de todos", recordaba un técnico de Newell's Old Boys. Y no era una exageración.

Su madre, Celia, lo notó primero. "Veíamos que no crecía al ritmo de sus compañeros", contaría en una entrevista. "La ropa le duraba años. No se le caían los dientes. Algo no estaba bien".

Preocupados, los padres lo llevaron a un endocrinólogo del Hospital de Niños Víctor J.

Vilela, en Rosario. Allí comenzó el peregrinaje médico que marcaría la infancia de Messi. Los estudios fueron concluyentes: déficit de la hormona del crecimiento. El diagnóstico fue un mazazo. No solo por lo que implicaba en términos de salud, sino por el impacto emocional en la familia.

"Cuando te dicen que tu hijo tiene una deficiencia hormonal, lo primero que pensás es: ¿va a estar bien?", explicó Jorge Messi. La doctora que atendió el caso recomendó comenzar lo antes posible un tratamiento diario con hormona sintética. Pero el problema era el precio: unos 1.500 dólares al mes. Una cifra que superaba con creces los ingresos de la familia.

El tratamiento requería inyectarse todos los días durante años, en horarios estrictos y zonas específicas del cuerpo. No era un proceso simple. "Cada noche, después de cenar, lo acostábamos y le poníamos la inyección", recuerda Celia. "Yo lloraba por dentro, pero Leo nunca se quejaba". Jamás.

Fue entonces cuando apareció una figura clave en su historia: el doctor Diego Schwarzstein, endocrinólogo pediátrico que no solo lo trató, sino que creyó en él. "Lo vi llegar con su padre, flaco, bajito, muy tímido. Pero cuando me contaron cómo jugaba, supe que había que ayudarlo. No por ser futbolista, sino por ser un niño con derecho a crecer", diría años más tarde.

Newell's Old Boys se comprometió a cubrir parte del tratamiento, pero al poco tiempo, ante la crisis económica del club, el apoyo se interrumpió. La familia buscó entonces otros caminos: solicitaron ayuda a fundaciones, acudieron al sindicato metalúrgico donde trabajaba Jorge, enviaron cartas a River Plate. La respuesta fue siempre la misma: interés, pero ningún compromiso.

"Estábamos desesperados. Sentíamos que el tiempo pasaba y Leo no podía esperar", contaría su madre. Y es que el tratamiento no solo era costoso: era urgente. Cuanto más se retrasara, menores serían las probabilidades de un desarrollo normal.

En ese contexto apareció el Barcelona. O mejor dicho: el rumor de que en Barcelona había una oportunidad. Un contacto los puso en comunicación con la directiva del club catalán. Se organizó un viaje a prueba. El resto es historia… pero antes del viaje, estaba la incertidumbre.

Años después, Messi recordaría aquel diagnóstico sin dramatismo, pero con una madurez asombrosa: "Sabía que tenía que inyectarme todos los días si quería seguir jugando. No me gustaba, pero lo hacía. Era lo que había que hacer".

Ese niño que se pinchaba solo, en silencio, sin quejarse, porque su sueño era más grande que el miedo, fue el mismo que luego resistió lesiones, derrotas y críticas. El mismo que aprendió desde pequeño que el cuerpo puede ser un obstáculo, pero también un vehículo.

Y así, desde la debilidad, comenzó a construirse la fuerza. La historia de Messi no sería la misma sin ese diagnóstico. Porque fue allí, en ese punto de fragilidad absoluta, donde nació la determinación que lo llevaría a desafiar todos los pronósticos.

Para un niño, la idea de tener que inyectarse cada noche puede parecer una tortura. Para Lionel Messi, fue simplemente parte del camino. Un camino que no eligió, pero que aceptó sin quejas, con una determinación silenciosa que asombró incluso a los adultos que lo rodeaban.

El tratamiento con hormona del crecimiento no era sencillo. Cada noche, a la misma hora, debía aplicarse una inyección en la pierna o el brazo. "Era una jeringa larga, de esas que imponen", contó Celia, su madre. "A veces me temblaba la mano, pero Leo se quedaba quietito. Me miraba fijo y me decía: dale, mamá, no pasa nada".

Durante varios años, la rutina fue inamovible. "No importaba si era Navidad, un cumpleaños o un viaje, siempre había que pincharlo", explicó su padre. En esa constancia, en ese sacrificio diario, comenzó a forjarse el temple que lo caracterizaría. "No recuerdo que se haya quejado una sola vez", diría el doctor Diego Schwarzstein. "Era un chico excepcionalmente fuerte para su edad".

Pero el precio no era solo físico. También era emocional. Mientras sus amigos salían a jugar sin horarios, Messi vivía condicionado por la disciplina del tratamiento. "Sabía que si no me lo ponía, no iba a crecer", diría él mismo. "Así que lo hacía. No me gustaba, pero lo entendía".

El medicamento, llamado somatropina, es una hormona sintética que estimula el crecimiento óseo. Su uso debe estar supervisado por un especialista y adaptarse al peso, edad y desarrollo de cada paciente. En Argentina, en los años 90, era prácticamente inaccesible para una familia trabajadora. "Era como tener que pagar una casa nueva cada año", graficó Jorge Messi. Y no exageraba.

Newell's colaboró al principio, pero el apoyo fue intermitente. El Estado no ofrecía cobertura. Los Messi recurrieron a préstamos, ahorros y, en muchas ocasiones, a la esperanza. "Hubo meses en que no sabíamos si íbamos a poder continuar", recordó Jorge. Aun así, nunca bajaron los brazos.

El propio Leo comenzó a aplicarse las inyecciones cuando ya tenía confianza suficiente. "Con diez años ya se pinchaba solo", contó su madre. "Eso te parte el alma, pero también te llena de orgullo".

Esa responsabilidad precoz moldeó su carácter. Aprendió desde muy pequeño que nada importante se consigue sin esfuerzo. Que el dolor puede formar parte del viaje. Que crecer, en su caso, era una conquista diaria. "Fue duro, pero también me hizo fuerte", reconocería años después.

Muchos niños soñaban con ser futbolistas. Messi también. Pero mientras otros jugaban libremente, él debía detenerse, inyectarse, esperar. Su cuerpo no lo acompañaba, pero su voluntad sí. Y esa diferencia, invisible desde fuera, fue decisiva.

"Messi no es solo talento", diría Pep Guardiola. "Es también la suma de sacrificios que nadie ve". Y uno de los más grandes fue este: el precio de seguir creciendo, inyectándose cada noche con la fe de que, algún día, su cuerpo alcanzaría la grandeza que ya habitaba en sus pies.

No lloraba. No protestaba. No decía "me duele" ni "ya no quiero más". Lionel Messi era un niño callado, pero no por timidez solamente: era también por resistencia. Aprendió desde muy pequeño a convivir con el dolor sin hacerlo drama. "Era un chico que se guardaba todo", diría su madre. "No sabías si estaba triste, si le pasaba algo... Solo lo veías jugar, y ahí entendías".

A los diez años, mientras otros niños soñaban con su primera bicicleta o con un gol en la final del barrio, él soñaba con seguir creciendo. Literalmente. No con triunfar, ni con ser famoso. Solo con crecer. Con medir lo suficiente como para que los entrenadores no dudaran en ponerlo. Con tener el cuerpo que su talento ya reclamaba.

Las inyecciones, el diagnóstico, las incertidumbres económicas... todo eso hubiera sido suficiente para quebrar la motivación de cualquiera. Pero Messi no se quebró. "Nunca faltaba a un entrenamiento, nunca decía que estaba cansado", cuenta Adrián Coria, su entrenador en Newell's. "Y si lo golpeaban en la cancha, se levantaba y seguía".

Esa capacidad para soportar el dolor físico —y emocional— sin dramatismo fue, desde el principio, una de sus armas secretas. "A mí no me gusta hablar de sacrificio, porque a mí me gustaba todo lo que hacía", dijo años más tarde. Pero lo cierto es que lo que para él era natural, para otros era asombroso.

La disciplina de Messi no era impuesta. Nadie lo obligaba a entrenar bajo la lluvia, ni a madrugar para jugar dos partidos en un día. Lo hacía porque lo necesitaba. Porque su vida tenía un ritmo interno que se sostenía a través del fútbol. "Era feliz jugando, y todo lo demás giraba alrededor de eso", explicó su padre.

Una anécdota de esos años lo ilustra bien: en un torneo infantil en Buenos Aires, Leo sufrió un fuerte golpe en el tobillo. Cojeaba, pero no dijo nada. Quería seguir. Cuando su padre intentó convencerlo de que descansara, él le respondió, seco: "Si salgo, perdemos". Tenía once años.

Y no era arrogancia. Era responsabilidad. Compromiso. Esa entrega absoluta al equipo, al juego, al momento. La misma que tendría, muchos años después, jugando lesionado una final de Champions o soportando críticas despiadadas tras una derrota con la selección argentina.

"Hay jugadores que brillan por talento, otros por carácter. Messi es de los pocos que tiene ambas cosas", afirmaría Juan Carlos Unzué, exasistente de Guardiola en el Barça. Pero lo que más sorprendía no era su destreza, sino su templanza. Esa especie de paz interior que lo acompañaba incluso en los momentos más adversos.

Detrás de cada regate, de cada sprint, de cada gol, había horas de entrenamiento invisible. De dolor sostenido. De constancia silenciosa. "Él nunca fue de excusas. Nunca. Ni de chico, ni ahora", decía su hermano Rodrigo.

Y así fue forjando su leyenda: no desde la grandilocuencia, sino desde la constancia. No desde el grito, sino desde el ejemplo. Porque Messi, incluso cuando era apenas un niño de pantalones cortos y botines gastados, ya sabía algo que muchos adultos aún ignoran: que la grandeza empieza por no rendirse cuando nadie está mirando.

Toda infancia necesita un refugio. Para Lionel Messi, ese refugio tenía nombre y rostro: Celia Oliveira Cuccittini, su abuela materna. Fue ella quien lo acompañó a los primeros partidos, quien lo defendió cuando nadie apostaba por él, quien vio algo más allá del niño tímido y menudo que parecía perderse entre camisetas demasiado grandes. Celia fue, desde el comienzo, la primera en creer.

"Era como su segunda madre, pero con alas", diría su hermana María Sol. Una mujer sencilla, firme, con carácter y ternura, que se transformó en la primera fanática —y la primera defensora— de Leo.

Hay una escena que se repite en la memoria de la familia: Celia, sentada en la tribuna, gritándole al entrenador del Grandoli, club barrial donde Messi dio sus primeros pasos. El técnico dudaba de poner a ese chiquito tan callado y pequeño. "¡Ponelo, ponelo que es el mejor!", le gritó Celia. Y no fue una petición: fue una orden con la dulzura del amor incondicional.

"Mi abuela fue la que me llevó a jugar por primera vez", contaría Messi con los ojos vidriosos. "Ella me acompañaba a todos lados, me defendía, me alentaba… Cuando ella murió, algo se me rompió".

Celia falleció cuando Lionel tenía apenas diez años. Fue un golpe durísimo, un dolor sin nombre para un niño que había encontrado en ella no solo compañía, sino confianza absoluta. "Después de eso, no fue igual", diría su madre. "Leo cambió. Se encerró más. Pero también se hizo más fuerte".

Desde entonces, cada vez que Messi marca un gol, mira al cielo y levanta los dedos. Es su forma de decir: "esto es por vos". Un gesto que se ha vuelto parte de su identidad, una pequeña plegaria laica en honor a la mujer que vio el milagro antes que nadie.

"No soy de hablar mucho de mi abuela porque me emociona", confesó en una entrevista. "Pero todo lo que soy empezó con ella". No es una exageración. Celia no solo lo alentaba: lo protegía. Era quien lo abrazaba cuando perdía, quien le preparaba la merienda con dedicación de artista, quien lo hacía sentir especial sin importar los resultados.

A veces, en medio del ruido del fútbol moderno, se olvida que los ídolos también fueron niños sostenidos por afectos sencillos. Y que detrás de cada camiseta levantada al cielo hay una historia. En el caso de Messi, esa historia se llama Celia.

"Las abuelas no mueren, se quedan en el aire", escribió alguna vez Eduardo Galeano. Y Messi lo confirma en cada gol. En cada mirada al cielo. En cada recuerdo que se le escapa cuando habla de ella. Porque su abuela no fue solo una figura familiar: fue la primera persona que lo trató como si ya fuera lo que algún día sería.

Y esa fe —ciega, absoluta, maternal— fue el combustible secreto de una de las carreras más asombrosas del deporte mundial.

A Lionel Messi siempre le costó hablar. No porque no pudiera, sino porque simplemente no lo necesitaba. Las palabras nunca fueron su fuerte; los gestos, sí. Las miradas, los silencios, los desplazamientos. Y, sobre todo, los toques de balón. Desde niño, su cuerpo encontró en la pelota el canal perfecto para decir lo que su voz callaba.

"Era increíble", contaría uno de sus primeros entrenadores en Newell's. "Podía pasar toda la práctica sin decir una palabra, pero en el partido era el más expresivo de todos. Hablaba con los pies".

En su entorno lo sabían. Su madre, Celia, lo decía con resignada ternura: "Leo no era de hablar, pero vos lo veías jugar y entendías cómo se sentía". Si estaba triste, jugaba con rabia. Si estaba alegre, flotaba en la cancha. Si algo lo preocupaba, lo descargaba en amagues y goles. Cada movimiento era una frase, cada gambeta, una emoción codificada.

El periodista argentino Hernán Castillo resumió alguna vez lo que muchos percibían: "Messi no necesita dar entrevistas. Cada partido suyo es un discurso". Y no se equivoca. Su forma de mirar al césped, de esperar el pase, de acelerar en el momento exacto, de tomar decisiones sin mirar... todo eso es lenguaje. Uno que no todos entienden, pero que todos intuyen.

El silencio de Messi, lejos de ser vacío, es una presencia densa, cargada de significado. "Cuando Leo entra al campo, el ambiente cambia", decía Carles Puyol. "No dice nada, pero todos lo seguimos. Porque lo que hace vale más que mil palabras".

De niño, esto era aún más evidente. En Rosario, los adultos se quedaban boquiabiertos viéndolo jugar en torneos infantiles. No gritaba. No protestaba. No hacía gestos. Solo jugaba. Pero dejaba en la cancha una intensidad emocional tan profunda, que parecía estar contando una historia con cada toque.

En una ocasión, tras una victoria en la que marcó cinco goles, un periodista le preguntó por qué no celebraba con gestos más efusivos. Messi, con apenas trece años, respondió: "¿Para qué voy a gritar si ya lo dije con el gol?"

A lo largo de su carrera, su estilo comunicativo no cambió. Siguió hablando poco y jugando mucho. En las conferencias de prensa, sus frases eran breves, medidas. Pero en la cancha, era pura elocuencia. Cada asistencia, cada regate, cada definición al ángulo tenía la nitidez de una oración bien dicha.

"No necesita hablar porque su fútbol es poesía", dijo Jorge Valdano. Y probablemente sea la mejor definición: Messi es un poeta que escribe con los botines. Uno que no busca convencer, sino emocionar. Que no necesita adornos, ni artificios, ni discursos. Su verdad es la jugada limpia, el pase invisible, el gol inevitable.

Porque, en definitiva, lo que no dice con palabras, lo cuenta con la pelota. Y en ese idioma, el mundo entero lo entiende.

3. Newell's Old Boys: el primer escenario de la maravilla

Antes de que el mundo conociera a Lionel Messi, Rosario ya hablaba de él en susurros. Los padres, los entrenadores y hasta los árbitros lo mencionaban con asombro, como si hablasen de un personaje de leyenda que se había escapado de un cuento para jugar en las canchitas de tierra. Pero no estaba solo. Aquella generación nacida en 1987 fue tan brillante que recibió un nombre inolvidable: La Máquina del '87.

Newell's Old Boys, uno de los clubes más emblemáticos de Argentina, había visto surgir talentos notables a lo largo de su historia. Pero esa camada infantil se convirtió en algo más que promesa. Era un equipo temible, imbatible, con cifras que parecían sacadas de una novela fantástica: ganaron 136 de los 140 partidos que disputaron entre 1994 y 1999. Y entre ellos, claro, estaba Lionel Messi.

"Éramos invencibles", recordaría años después Luciano Vella, uno de sus compañeros. "Messi ya era Messi, aunque todavía nadie lo supiera. Nos hacía sentir que el fútbol era fácil". Porque en ese equipo todo fluía. Los chicos no solo ganaban, sino que jugaban con alegría, con picardía, con belleza. No importaba la cancha ni el rival: había algo que los hacía distintos.

El director técnico de aquella categoría era Ernesto Vecchio, un formador de alma, que vio en Leo algo más que talento: vio a un niño con un fuego difícil de explicar. "Nunca entrené a nadie como él", diría. "Era muy chiquito, pero hacía cosas que ningún otro podía. Y lo hacía con una naturalidad desconcertante".

El apodo "La Máquina del '87" surgió de los propios padres, que veían semana a semana cómo los niños goleaban sin piedad. A veces, 10 a 0. Otras, 15 a 1. Y siempre con Messi como eje, como brújula y como inspiración. No era el más alto, ni el más fuerte. Pero era el más despierto. El que parecía ver el juego en cámara lenta.

"Tenía una capacidad para driblar que no era normal", decía Matías Manna, analista táctico. "A esa edad, los chicos corren detrás de la pelota. Messi ya entendía el espacio, el ritmo, el engaño". Lo hacía por instinto, no por técnica adquirida. Como si la pelota le hubiera contado secretos que nadie más conocía.

Los rivales, por su parte, no podían creer lo que veían. Algunos entrenadores le pedían a sus jugadores que no lo marcaran tan fuerte, por miedo a lastimarlo. Otros simplemente aceptaban que, con Messi en cancha, era imposible ganar. "Una vez nos metió seis goles él solo. Y al final del partido vino a darme la mano como si nada", confesó un rival en un torneo provincial.

Y es que, más allá del talento, había algo que ya comenzaba a definir al futuro ídolo: la humildad. No festejaba con gritos exagerados, no burlaba a los vencidos. Jugaba, sonreía y se iba a su casa. Como si lo que acabara de hacer —marcar goles imposibles o dejar a cinco defensores en el camino— fuera lo más normal del mundo.

"Ese equipo era una locura", diría Diego Schwarzstein, su médico. "Pero Messi era otra cosa. No era solo el mejor: era un niño que disfrutaba como nadie". Y en efecto, los ojos de Leo se iluminaban cada vez que entraba a una cancha. No jugaba para destacarse, ni por premios. Jugaba porque era su lenguaje, su alegría, su forma de existir.

La Máquina del '87 no solo marcó el inicio de una carrera extraordinaria: fue también el primer escenario donde Messi se sintió parte de algo. Donde no fue "el distinto", sino uno más entre otros chicos que compartían su pasión.

Años más tarde, al repasar su carrera, Messi no olvidaría esos orígenes. "Con esos compañeros viví los mejores años de mi infancia. Todo era felicidad", diría. Y quizás por eso, cada vez que pisa una cancha, todavía parece aquel niño de Newell's, que solo quería jugar con sus amigos y ser feliz con una pelota en los pies.

A veces el talento desborda tanto que no parece real. Con apenas ocho, nueve o diez años, Lionel Messi ya provocaba reacciones inusuales en quienes se cruzaban con él. No era simplemente un "buen jugador": era una anomalía. Un niño pequeño que driblaba como adulto, que parecía flotar sobre el campo, que dejaba en el suelo a defensas mucho más grandes con una facilidad desconcertante.

"Jugábamos contra Newell's y sabíamos que perdíamos antes de empezar", confesó, años después, el entrenador de una escuelita de fútbol de la zona sur de Rosario. "Y no por todo el equipo. Por Messi. Bastaba con que estuviera en cancha".

Los partidos no terminaban con bronca, sino con asombro. Y muchas veces, con lágrimas. No de alegría, sino de impotencia. Niños que lloraban tras ser humillados por un chico más bajito que ellos, al que no podían ni tocar. "A veces los papás nos decían: '¡Ese nene no puede jugar contra los nuestros! ¡No es justo!'", relataba Ernesto Vecchio, su entrenador en Newell's.

No era raro que Messi hiciera cinco, seis o más goles en un mismo partido. Pero más que la cantidad, lo que impactaba era el *cómo*. No necesitaba fuerza. Usaba inteligencia, velocidad de pensamiento y una coordinación motriz excepcional. Hacía amagues sin mover el cuerpo, solo con un cambio en la dirección de la mirada. Y cuando arrancaba, nadie lo paraba. "Era como tratar de agarrar un pez con las manos mojadas", bromeaba un técnico rival.

Los árbitros también quedaban perplejos. Más de una vez dudaron de su edad. "Pensaban que teníamos un chico más grande infiltrado en el equipo", contaba entre risas su compañero Franco Scandalo. "Teníamos que mostrar el carné para que creyeran que tenía la edad que decía tener".

Un caso que se repite en las crónicas orales de aquellos torneos fue el de un entrenador visitante que, al terminar el partido, se acercó a Ernesto Vecchio y le dijo: "Este chico no es de este planeta. O lo suben ya de categoría, o nosotros dejamos de venir". Tenía razón: no era de ese planeta. Era de otro tiempo. De otra lógica.

Algunos niños, tras perder contra él, no querían volver a jugar al fútbol. "¿Para qué?", decía uno. "Si siempre va a estar ese que nos deja en ridículo". Era una reacción comprensible. El fútbol, en esas edades, todavía está más cerca del juego que de la competencia. Pero Messi ya jugaba a otro nivel, y sin darse cuenta, alteraba el espíritu de todo lo que lo rodeaba.

Y lo más sorprendente era que nunca se burlaba. No celebraba los goles con euforia, no hacía gestos, no decía nada. Simplemente bajaba la cabeza y trotaba de nuevo hacia el medio del campo. Como si lo que acabara de hacer —dejar a media defensa en el suelo— fuera solo una rutina.

"Eso lo hacía aún más impresionante", decía un cronista deportivo de Rosario. "No parecía un chico fanfarrón ni un prodigio engreído. Parecía un chico normal que hacía cosas imposibles".

En esos campos de tierra, sin cámaras, sin césped ni tribunas, Messi empezaba a construir su leyenda. No a base de flashes ni titulares, sino de jugadas que desbordaban el sentido común. Y lo hacía sin proponérselo, sin entender del todo lo que significaba.

Era solo un niño que jugaba. Pero a su alrededor, los entrenadores no lo creían y los rivales lloraban. No por crueldad, sino por belleza. Por la certeza de que estaban presenciando algo irrepetible.

Puede parecer exagerado hablar de "épica" en partidos de alevines, pero quienes vivieron los torneos infantiles donde jugaba Lionel Messi lo dicen sin dudar: había algo extraordinario en el aire. Cada encuentro en el que participaba ese niño menudo de zurda afilada parecía tener el sabor de una final. Las tribunas —modestas, improvisadas, pobladas de padres y madres con termos de mate— contenían un murmullo especial cuando él aparecía en la cancha.

"Sabíamos que algo iba a pasar. No sabíamos qué, pero pasaba", contaba un delegado de la liga rosarina. Los duelos entre clubes barriales como Tiro Suizo, Provincial, Renato Cesarini, o el propio Grandoli, donde Leo había dado sus primeros pasos, se convertían en escenarios inesperados de asombro. Los resultados muchas veces eran lo de menos. Lo que se recordaba era *la jugada* de Messi, el *gol* de Messi, *el enganche* de Messi.

Uno de los encuentros más recordados fue contra Unión Americana, donde el equipo de Messi perdía por un gol a falta de cinco minutos. "Leo pidió la pelota, hizo una jugada solo, empató el partido y después nos dio el triunfo con otro gol. No lo podíamos creer", contó su compañero Lucas Scaglia. Ese tipo de actuaciones, a su corta edad, no eran comunes. Y mucho menos sostenidas en el tiempo.

Pero lo más impactante era la naturalidad. Messi no pedía la pelota con gestos de líder, ni gritaba instrucciones. Simplemente aparecía donde tenía que estar, recibía, y el resto era poesía. Un toque sutil, un dribling en un centímetro de césped, un pase imposible entre dos piernas. Todo sin alardes. Como si el fútbol le hablara al oído.

"Recuerdo un partido en cancha embarrada, donde era casi imposible controlar el balón", relató el técnico Ernesto Vecchio. "Todos se resbalaban. Menos Messi. Era como si caminara sobre una tabla invisible". Aquella tarde, marcó tres goles. Uno de ellos, gambeteando a cinco rivales en fila. "Fue una locura. Los papás rivales aplaudieron de pie".

Y es que incluso los padres de los equipos contrarios —esos que suelen alentar con más pasión que criterio— se rendían ante él. "Nos ganó el partido, pero qué maravilla verlo jugar", solían decir, con una mezcla de resignación y admiración. No era común aplaudir al rival. Pero Messi despertaba algo que estaba por encima del resultado: el puro goce de ver talento en estado puro.

"Era como ver a un niño jugando en cámara lenta para él, y en cámara rápida para los demás", dijo un periodista que cubría torneos juveniles en Rosario. "Sabías que estabas viendo algo histórico, aunque él todavía no lo supiera".

A esa edad, la mayoría de los chicos jugaban para divertirse, para imitar a sus ídolos o para gastar energías. Messi también se divertía, claro. Pero lo suyo era distinto. Su conexión con el balón era tan íntima que los partidos parecían una conversación entre él y la pelota. Los demás apenas asistían como testigos.

Con el tiempo, algunos de esos duelos quedaron grabados como leyendas en la memoria barrial. "¿Te acordás cuando jugó contra Pablo VI y metió ese gol desde mitad de cancha?"; "¿Viste el día que dejó sentados a tres arqueros en el mismo partido?"; "Ese nene no era normal", repiten aún hoy, entre risas y orgullo rosarino.

Duelos de alevines, sí. Pero con sabor a epopeya. Porque cada vez que ese chico entraba a la cancha, algo cambiaba. Y aunque no hubiera cámaras ni estadios, el fútbol sabía que allí estaba naciendo algo inmenso.

Hay niños que juegan bien. Otros que destacan por su velocidad, por su fuerza, por su picardía. Pero muy pocos —poquísimos— driblan como si fuera su forma natural de desplazarse por el mundo. Como si esquivar cuerpos fuera tan instintivo como respirar. Así era Lionel Messi desde que empezó a correr tras un balón: su cuerpo sabía algo que los demás todavía estaban aprendiendo.

"Era como si tuviera un imán en el pie", diría más tarde Jorge Griffa, histórico formador de talentos en Newell's. "La pelota no se le despegaba nunca. Y no miraba al piso. Iba mirando hacia adelante, con la cabeza levantada, como hacen los grandes".

El dribling de Messi no era forzado. No era entrenado. No respondía a esquemas ni repeticiones. Era intuición pura, como si su cerebro procesara en milésimas de segundo el espacio disponible, el movimiento del rival, la dirección exacta del toque. "Tenía una percepción distinta del tiempo", explicó un preparador físico que lo vio de niño. "Donde otros veían una pared, él veía una rendija".

Desde muy pequeño, ya se notaba algo diferente. Con cinco años, en el Grandoli, ya se iba solo contra todos. Con ocho, en Newell's, marcaba cuatro o cinco goles por partido. Pero más allá de la estadística, lo que asombraba era *cómo* lo hacía. Los defensores no podían anticiparse, porque Messi no amagaba para engañar: amagaba porque ya sabía lo que iba a pasar dos segundos después.

"Era como si jugara en otro nivel de conciencia", diría más tarde Pep Guardiola. "Veía cosas que el resto no veía. Y lo hacía a una velocidad brutal".

Una anécdota que se repite entre quienes lo vieron crecer es la del "dribbling eterno": Messi recibía la pelota en su propio campo y empezaba a avanzar. Uno, dos, tres rivales. En un punto, los padres y entrenadores pensaban que la jugada había terminado. Pero no: seguía. Cinco, seis, siete. Y cuando finalmente definía, el silencio era total. Solo se oía el suspiro colectivo, seguido del aplauso inevitable.

"Driblar era su modo natural de avanzar", contaba Lucas Scaglia, su primo y compañero de equipo. "No era que buscara el lucimiento. Es que no concebía otra forma de jugar".

Y quizás por eso, aún hoy, cuando Messi toma la pelota y se lanza contra un enjambre de defensores, el mundo se paraliza. Porque sabemos que, de alguna manera, ese don sigue intacto. Esa mezcla de elasticidad, control, visión periférica y decisión inmediata sigue viva, como cuando jugaba en Rosario sobre canchas de tierra y el público eran solo padres y perros callejeros.

Los ojeadores que llegaban a verlo desde otras provincias no daban crédito. "Era chiquito, pero parecía tener un GPS en los pies", comentó uno de ellos en una nota de archivo. "No era velocidad física, era velocidad mental. Y eso no se enseña".

Para Messi, driblar nunca fue un lujo, ni una coreografía. Fue su forma de avanzar, de encontrar aire, de sobrevivir en un mundo que le quedaba grande físicamente, pero que su talento convertía en justo a su medida.

El fútbol, en su versión más pura, es un juego de engaños. De hacerle creer al rival una cosa, y hacer otra. Messi, desde muy chico, no necesitó aprender eso: lo traía de fábrica. Su cuerpo hablaba ese idioma antes que su voz. Y lo hacía con una elegancia silenciosa que no necesitaba explicación.

Así fueron las primeras señales. No hacía falta que alguien dijera "este chico va a llegar lejos". Bastaba con verlo tocar el balón. Bastaba con ver cómo driblaba. Como si, para él, gambetear fuera tan natural como respirar.

Hay niños que juegan bien. Otros que destacan por su velocidad, por su fuerza, por su picardía. Pero muy pocos —poquísimos— driblan como si fuera su forma natural de desplazarse por el mundo. Como si esquivar cuerpos fuera tan instintivo como respirar. Así era Lionel Messi desde que empezó a correr tras un balón: su cuerpo sabía algo que los demás todavía estaban aprendiendo.

"Era como si tuviera un imán en el pie", diría más tarde Jorge Griffa, histórico formador de talentos en Newell's. "La pelota no se le despegaba nunca. Y no miraba al piso. Iba mirando hacia adelante, con la cabeza levantada, como hacen los grandes".

El dribling de Messi no era forzado. No era entrenado. No respondía a esquemas ni repeticiones. Era intuición pura, como si su cerebro procesara en milésimas de segundo el espacio disponible, el movimiento del rival, la dirección exacta del toque. "Tenía una percepción distinta del tiempo", explicó un preparador físico que lo vio de niño. "Donde otros veían una pared, él veía una rendija".

Desde muy pequeño, ya se notaba algo diferente. Con cinco años, en el Grandoli, ya se iba solo contra todos. Con ocho, en Newell's, marcaba cuatro o cinco goles por partido. Pero más allá de la estadística, lo que asombraba era *cómo* lo hacía. Los defensores no podían anticiparse, porque Messi no amagaba para engañar: amagaba porque ya sabía lo que iba a pasar dos segundos después.

"Era como si jugara en otro nivel de conciencia", diría más tarde Pep Guardiola. "Veía cosas que el resto no veía. Y lo hacía a una velocidad brutal".

Una anécdota que se repite entre quienes lo vieron crecer es la del "dribbling eterno": Messi recibía la pelota en su propio campo y empezaba a avanzar. Uno, dos, tres rivales. En un punto, los padres y entrenadores pensaban que la jugada había terminado. Pero no: seguía. Cinco, seis, siete. Y cuando finalmente definía, el silencio era total. Solo se oía el suspiro colectivo, seguido del aplauso inevitable.

"Driblar era su modo natural de avanzar", contaba Lucas Scaglia, su primo y compañero de equipo. "No era que buscara el lucimiento. Es que no concebía otra forma de jugar".

Y quizás por eso, aún hoy, cuando Messi toma la pelota y se lanza contra un enjambre de defensores, el mundo se paraliza. Porque sabemos que, de alguna manera, ese don sigue intacto. Esa mezcla de elasticidad, control, visión periférica y decisión inmediata sigue viva, como cuando jugaba en Rosario sobre canchas de tierra y el público eran solo padres y perros callejeros.

Los ojeadores que llegaban a verlo desde otras provincias no daban crédito. "Era chiquito, pero parecía tener un GPS en los pies", comentó uno de ellos en una nota de archivo. "No era velocidad física, era velocidad mental. Y eso no se enseña".

Para Messi, driblar nunca fue un lujo, ni una coreografía. Fue su forma de avanzar, de encontrar aire, de sobrevivir en un mundo que le quedaba grande físicamente, pero que su talento convertía en justo a su medida.

El fútbol, en su versión más pura, es un juego de engaños. De hacerle creer al rival una cosa, y hacer otra. Messi, desde muy chico, no necesitó aprender eso: lo traía de fábrica. Su cuerpo hablaba ese idioma antes que su voz. Y lo hacía con una elegancia silenciosa que no necesitaba explicación.

Así fueron las primeras señales. No hacía falta que alguien dijera "este chico va a llegar lejos". Bastaba con verlo tocar el balón. Bastaba con ver cómo driblaba. Como si, para él, gambetear fuera tan natural como respirar.

El cuerpo de Lionel Messi, durante su infancia, parecía el de un niño que había llegado tarde al reparto de centímetros y músculos. Era bajito, delgado, con piernas cortas y pasos tímidos. En los pasillos de los torneos infantiles, cuando los equipos salían a la cancha, los rivales solían mirarlo con desprecio disimulado o con cierta lástima. "¿Ese es el que dicen que juega tan bien?", preguntaban. Luego comenzaba el partido… y todo cambiaba.

"Parecía que el cuerpo no le alcanzaba para contener tanto talento", diría años más tarde un periodista rosarino. Y no exageraba. Su físico, limitado por el déficit de la hormona del crecimiento, lo colocaba en desventaja en casi todos los aspectos medibles: fuerza, estatura, zancada, contextura. Pero Messi no era medible. Había algo en su interior que lo desbordaba.

"Era muy frágil físicamente, pero imposible de parar", contaba Ernesto Vecchio, su entrenador en Newell's. "Uno lo miraba y pensaba: este nene no aguanta un golpe. Pero después veía que, aunque lo tiraran al piso, se levantaba siempre".

El secreto estaba en su centro de gravedad bajo, su equilibrio inquebrantable y una coordinación motriz absolutamente anómala. Su cuerpo no era fuerte, pero era preciso.

No era grande, pero era exacto. Y eso lo hacía indetectable. "Lo querías marcar y ya no estaba", explicaba un defensor rival de los torneos locales. "Era como perseguir una sombra".

Su técnica, afinada por el juego constante, parecía desmentir sus limitaciones físicas. A los entrenadores les costaba creer que ese chico tan menudo pudiera tener tanta fuerza en la zurda, tanta agilidad para girar sobre sí mismo, tanta aceleración en espacios mínimos. "Lo que su cuerpo no daba en potencia, lo devolvía en inteligencia", señalaba Jorge Messi. Y es que el fútbol no se gana solo con físico. En Messi, el cerebro operaba a otra velocidad. Su talento parecía haber sido diseñado para sortear los límites de su cuerpo. Como si su mente supiera cómo compensar cada gramo de fragilidad con visión, con sensibilidad, con decisión.

Ese desajuste entre cuerpo y talento fue, durante años, su gran desafío. También su motor. Porque Messi aprendió que, si no podía ser más fuerte, sería más rápido. Si no podía chocar, esquivaría. Si no podía imponerse, desbordaría. Y así, partido a partido, entrenamiento a entrenamiento, fue perfeccionando su estilo: el de quien no domina por superioridad física, sino por inteligencia emocional y técnica inhumana.

"Messi fue, desde siempre, un ejemplo de cómo la inteligencia puede superar cualquier limitación", dijo Diego Schwarzstein, el médico que lo trató. Y tenía razón. El niño flaco que parecía quebrarse al primer choque, terminó convirtiéndose en el jugador más desequilibrante del mundo.

Porque su cuerpo, aunque limitado en sus inicios, fue domado por una voluntad más grande que él. Porque su talento, tan vasto, desbordaba cada músculo. Porque en el fondo, Messi no jugaba con su cuerpo. Jugaba con otra cosa: una llama interior que ningún físico podía contener.

Y así, desde esa contradicción —un cuerpo que parecía decir "no" y un talento que gritaba "sí"— comenzó a formarse el prodigio. El que habría de transformar para siempre el fútbol. El que, contra toda lógica médica y toda previsión física, se atrevió a crecer hasta donde ningún cuerpo había llegado.

SEGUNDA PARTE:
Barcelona, tierra prometida

4. *El viaje que lo cambió todo*

Toda historia de transformación comienza con una partida. Y para Lionel Messi, ese momento llegó antes de lo que cualquier niño debería enfrentarse a una decisión así. Tenía apenas trece años cuando dejó atrás Rosario, su barrio, sus amigos, sus rutinas y sus raíces. Lo hizo sin lágrimas, pero con un nudo en el estómago. Lo que lo esperaba al otro lado del océano era incierto. Lo que dejaba atrás, en cambio, era su mundo. "Fue muy duro para él", contaría años después su madre, Celia. "No se quejaba, pero se notaba que sufría. Sus hermanos se quedaron en Argentina. Sus primos, sus amigos... todo eso lo marcó".

Barcelona no era una postal turística para la familia Messi. Era una posibilidad de seguir con el tratamiento hormonal, de seguir creciendo. La última oportunidad. River Plate había dudado. Newell's no podía afrontar los costes. Y entonces apareció la opción del Barça, gracias al impulso de un representante argentino que creyó en ese chico silencioso con la zurda mágica.

La familia se jugó el todo por el todo. Jorge, el padre, viajó primero con Leo. Al principio, el club dudaba: no sabían si valía la pena apostar por un chico tan frágil, con un tratamiento caro y sin nacionalidad comunitaria. El fichaje estuvo a punto de caerse varias veces. Hasta que sucedió un gesto que ya forma parte de la leyenda: el contrato firmado en una servilleta de papel, el 14 de diciembre de 2000, en el restaurante del Club de Tenis Pompeia. Carles Rexach, entonces secretario técnico del Barça, puso por escrito su compromiso de ficharlo, para que no escapara otra vez la promesa argentina.

"Fue una locura", recordaría Rexach. "Pero lo valía. Lo vi entrenar y supe que no podíamos dejarlo ir. Nunca había visto a un niño jugar así". Y así comenzó el gran salto. Leo, con apenas trece años, se mudó con su padre a un país nuevo, una ciudad inmensa, un idioma distinto. "Todo era enorme", diría él. "El clima, la gente, las calles... Al principio me sentía perdido".

Aquel primer departamento en la ciudad condal era pequeño, alquilado, frío. Celia y sus hermanos quedaron en Rosario, mientras Jorge hacía malabares para adaptarse a la nueva vida. Lionel iba a la escuela por las mañanas, entrenaba por las tardes, y por las noches extrañaba. "Lloraba en silencio", confesaría su padre. "No decía nada, pero yo lo sabía".

Los comienzos fueron difíciles. El acento lo delataba. Su timidez se acentuó. Los compañeros en la Masía hablaban catalán o castellano peninsular. Él, con su tonada rosarina, parecía un forastero. "Me costó hacer amigos. No entendía bien cómo funcionaban las cosas. Me sentía solo", dijo alguna vez.

Y, sin embargo, en medio de esa desubicación emocional, el fútbol volvía a ser su refugio. En la cancha era uno más. O mejor dicho, era *el diferente*. Con la pelota, se integraba sin esfuerzo. No necesitaba hablar. Los otros chicos lo miraban con admiración. "Sabíamos que venía de Argentina y que jugaba bien, pero lo que vimos superó todo", recordaba Cesc Fàbregas, compañero de categoría.

El duelo fue silencioso. Nadie lo vio, pero estaba ahí. La pérdida de su abuela Celia —que había fallecido poco antes del viaje— pesaba en su pecho. La distancia con su madre y sus hermanos lo llenaba de nostalgia. Rosario, con sus calles polvorientas, los partidos interminables, las meriendas con amigos, era ahora un recuerdo lejano.

"Me acuerdo de las noches en las que lo encontraba mirando una foto familiar o una camiseta vieja de Newell's", decía Jorge. "Se quedaba quieto, como si quisiera volver allá solo con el pensamiento".

Pero no volvió. O al menos no entonces. Siguió adelante. Porque intuía —aunque no supiera explicarlo— que ese viaje, tan duro, era también una promesa. Que en ese sacrificio se escondía algo más grande. Porque a veces, para encontrar tu lugar en el mundo, primero hay que abandonarlo todo.

Algunos documentos cambian la historia. Otros, en cambio, apenas son un trozo de papel manchado de tinta, redactado con apuro y sin solemnidad, pero cargado de destino. Así fue el caso de la famosa servilleta que selló el inicio de la carrera de Lionel Messi en el FC Barcelona: un objeto cotidiano convertido en reliquia.

Corría el 14 de diciembre del año 2000. La situación era tensa. Jorge Messi, el padre de Lionel, llevaba meses esperando una definición. El club catalán había visto al niño argentino entrenar. Sabían que era especial. Pero las dudas administrativas, médicas y burocráticas retrasaban la decisión. El tiempo pasaba, y la familia amenazaba con volver a Rosario.

Carles Rexach, secretario técnico del Barça, fue citado para un almuerzo con el agente argentino Horacio Gaggioli, el intermediario que había conectado a los Messi con el club. Se encontraron en las instalaciones del Club de Tenis Pompeia, en Montjuïc. El clima era informal, pero cargado de urgencia. Y entonces sucedió lo inesperado: Rexach, en un acto de intuición y apremio, tomó una servilleta de papel del restaurante, pidió una birome y escribió: "En Barcelona, a 14 de diciembre de 2000, y en presencia de los señores Minguella y Horacio Gaggioli, Carles Rexach, secretario técnico del FC Barcelona, se compromete bajo su responsabilidad y a pesar de algunas opiniones en contra, a fichar al jugador Lionel Messi, siempre y cuando nos mantengamos en las cantidades acordadas."

Aquella frase, escrita con letra apresurada sobre una superficie frágil, no parecía el inicio de una era, pero lo fue. Más que un contrato, fue un acto de fe. Un gesto que mezclaba intuición, presión y un presentimiento que aún no encontraba palabras: *este chico es distinto*. Muy distinto.

Años después, Carles Rexach explicaría su impulso: "Había voces en contra dentro del club. Decían que era bajito, que costaba mucho, que había que esperar. Yo dije: 'Si no lo hacemos ya, lo vamos a perder'. Y no me lo habría perdonado nunca".

La servilleta fue firmada también por Josep Maria Minguella, histórico intermediario azulgrana, y por el propio Gaggioli. Ningún notario. Ninguna cláusula legal. Solo tinta azul sobre papel blanco y una decisión que marcaría una de las alianzas más fructíferas en la historia del deporte moderno.

La leyenda dice que Jorge Messi, al ver el gesto, supo que había llegado el punto de no retorno. Que su hijo no volvería a Rosario como uno más. Que ese papel, tan precario, había sellado un destino. "Fue el primer paso serio", diría. "Ahí entendimos que no era solo un sueño".

Hoy, la servilleta está enmarcada, guardada como tesoro en la sede del Barça. No por su valor material, sino simbólico. Representa el momento en que el club apostó por un niño frágil y silencioso, confiando más en lo que veían sus ojos que en lo que dictaban los papeles.

Algunos la llaman un contrato de urgencia. Otros, una profecía escrita. En todo caso, fue un acto fundacional. Como si, en esa improvisación, estuviera ya escrita la esencia de Messi: discreto, sin grandilocuencia, pero cargado de sentido.

Un niño. Un padre. Un club. Una servilleta. Y el inicio de una historia que cambiaría para siempre el fútbol.

Llegar a una ciudad nueva es siempre un pequeño naufragio. Para Lionel Messi, Barcelona no fue al principio una tierra prometida, sino un territorio desconocido, frío y silencioso, donde las voces sonaban distintas y el aire no olía a casa. Tenía trece años. En su cuerpo aún dolía la inyección diaria. Y en su alma, el desgarrón reciente de dejar Rosario, a su madre, a sus hermanos, a sus amigos... y, sobre todo, a su abuela Celia, fallecida poco antes.

"No lo decía, pero lo extrañaba todo", recordó su padre Jorge. "La escuela, la comida, los primos, la casa. Todo le resultaba ajeno".

Barcelona era una ciudad moderna, luminosa, pero en el invierno del 2000 se le presentó como un paisaje gris. El frío no era solo climático: era emocional. Leo no tenía aún amigos, no entendía del todo los códigos del nuevo país, y el fútbol —su único lenguaje— tardaría en traducirlo en vínculos reales.

Los primeros meses fueron difíciles. Vivía con su padre en un apartamento pequeño. Comían juntos, se acompañaban, pero la ausencia de su madre y sus hermanos pesaba. "Hubo noches en las que lo encontraba llorando bajito, sin decir palabra. Solo con la cara contra la almohada", contaría Jorge. En la escuela, no hablaba. En los entrenamientos, se esforzaba. Pero su corazón seguía a 10.000 kilómetros.

"Estaba muy solo", recordaría el propio Messi con los años. "Fueron momentos duros, donde pensé en volver". Y no era una frase hecha: hubo momentos en los que el regreso a Rosario fue una posibilidad real. No por falta de talento, sino por el peso de la nostalgia.

El fútbol, sin embargo, seguía siendo su refugio. Cuando tocaba la pelota, todo parecía encajar. La pelota no preguntaba de qué país venía, ni qué acento tenía. En el campo, volvía a ser Leo: ágil, preciso, distinto. "En cuanto jugaba, los chicos se daban cuenta de que era especial", contaría Gerard Piqué, su compañero en La Masía. "Pero fuera de la cancha, era muy tímido, casi invisible".

En el vestuario, hablaba poco. Reía en voz baja. Observaba más de lo que decía. Y aunque su talento comenzaba a imponerse, aún tardaría en sentirse parte de ese nuevo mundo. Los códigos del fútbol europeo eran diferentes: más velocidad, más exigencia, menos tolerancia. "Tenía que adaptarse rápido, o se quedaba fuera", explicó Carlos Martínez, entrenador de juveniles.

Pero Leo resistió. Con esa mezcla de terquedad silenciosa y humildad obstinada que lo caracteriza, se mantuvo firme. Sufrió, sí. Pero no cedió. Nunca pidió volver. Nunca dijo "no puedo". Canalizó la tristeza en trabajo. En regates. En toques cortos y carreras suaves. Cada día, un centímetro más cerca.

Algunos compañeros empezaron a acercarse. Primero fue Cesc Fàbregas, luego Piqué, después los entrenadores. Su talento —evidente, innegociable— terminó por abrir las puertas que la soledad mantenía cerradas.

"Era el mejor con el balón", diría Cesc, "pero también el más callado". El respeto fue el primer vínculo. La amistad vino después.

Poco a poco, Barcelona dejó de ser una ciudad extraña. Se convirtió en rutina. En posibilidad. En hogar. Pero el recuerdo de Rosario, de su familia y de su abuela, siguió latiendo. Messi no lo borró. Solo lo guardó en un rincón del alma. Donde viven las cosas que duelen, pero también las que te sostienen.

En ese invierno frío, en esa soledad sin palabras, Lionel comenzó a transformarse. No solo en jugador. En persona. En alguien que, habiendo perdido tanto, decidió quedarse para luchar por lo que intuía que podía ser.

Barcelona era hermosa, moderna, viva. Pero para un niño de trece años, recién llegado de Rosario, era también descomunal. Las avenidas parecían ríos infinitos de coches y gente. Los edificios, altísimos. El idioma, extraño. Y las distancias emocionales, enormes. En medio de ese universo, caminaba Lionel Messi: delgado, callado, con una mochila más grande que él y una pelota como único escudo.

"Leo no ocupaba espacio", diría más tarde un técnico del Barça. "Era chiquito, sí, pero además se hacía pequeño. No buscaba destacarse fuera de la cancha. Casi pasaba desapercibido".

Vivía con su padre en un departamento modesto en Les Corts, a pocos minutos de la ciudad deportiva del club. Su rutina era simple: escuela por la mañana, entrenamiento por la tarde, cena en casa. Nada de salidas, fiestas o vida urbana. Para Messi, Barcelona no era una metrópoli llena de posibilidades: era un escenario desconocido que solo adquiría sentido cuando entraba en contacto con una pelota.

Mientras otros chicos exploraban la ciudad, él prefería quedarse en casa, viendo partidos o dibujando jugadas en su mente. No por aburrimiento, sino porque lo que lo movía estaba en otra parte. "Yo no salía mucho", contaría. "No conocía a nadie y lo único que quería era jugar".

Esa actitud reservada contrastaba con el dinamismo de la ciudad. A veces, Jorge —su padre— lo llevaba a pasear por la Rambla, por el Camp Nou, por la costa. Pero Leo no parecía deslumbrarse. Su mirada era otra. No estaba buscando diversión: estaba buscando su lugar.

En La Masía, la residencia de jóvenes promesas del club, los entrenadores comenzaron a advertir que aquel chico menudo que hablaba poco era diferente también fuera de la cancha. Era disciplinado, respetuoso, casi invisible... pero con una presencia que crecía cuando el balón aparecía.

"Era como Clark Kent", bromeó años más tarde Gerard Piqué. "Tranquilo, serio, nadie lo notaba. Pero en el campo se transformaba".

La ciudad gigante no lo devoró. Pero tampoco lo integró de inmediato. Messi no se hizo catalán. No se volvió cosmopolita. Se mantuvo rosarino, esencialmente suyo, con esa forma de mirar de quien siempre se siente un poco extranjero.

Y sin embargo, día a día, esa ciudad comenzó a abrirle espacios. El club, sus compañeros, los entrenadores... todos empezaron a entender que ese niño callado podía cambiar el destino del Barça, aunque todavía nadie lo dijera en voz alta.

"Veíamos que era distinto, pero no sabíamos hasta dónde podía llegar", contaría Fran Sánchez, técnico del fútbol base. "Tenía una forma de jugar que no se puede enseñar. Y una forma de estar que te hacía querer protegerlo".

Barcelona seguía siendo gigante. Pero Messi no necesitaba conquistarla. Solo necesitaba resistir, adaptarse y seguir jugando. Y eso hizo. Silenciosamente. Como siempre. Porque él no llegó a la ciudad para encajar. Llegó para escribir, sin saberlo, la historia más grande que jamás se haya contado en esas calles.

En los años más frágiles de su vida, cuando el cuerpo aún luchaba por crecer y el alma extrañaba cada rincón de Rosario, el fútbol fue el único lugar donde Lionel Messi se sintió a salvo. No era solo una pasión ni un talento precoz. Era una necesidad emocional. Su manera de sostenerse cuando todo alrededor temblaba.

"La pelota era su refugio, su cable a tierra, su casa portátil", diría su padre Jorge. Cuando Leo jugaba, desaparecía todo lo demás: el frío de las noches catalanas, la soledad del piso sin sus hermanos, la distancia con su madre, el vacío que había dejado la muerte de su abuela. Todo eso quedaba atrás, al menos por noventa minutos, cada vez que tocaba el balón.

En la cancha no era el niño tímido que bajaba la mirada ni el extranjero que hablaba poco. Era otro. Más liviano, más libre, más pleno. "Cuando jugaba, lo veías feliz de verdad", contaba un compañero de La Masía. "Era como si ese fuera su idioma, su aire, su lugar".

Muchos chicos sueñan con ser futbolistas. Messi, en cambio, jugaba porque lo necesitaba. Porque solo ahí encontraba orden en el caos. Porque mientras otros se adaptaban hablando, saliendo, relacionándose, él se adaptaba tocando la pelota. La cancha era su patria.

"Yo me sentía solo muchas veces", admitiría años más tarde. "Pero cuando jugaba, se me pasaba todo".

Los entrenadores comenzaron a notarlo. No era solo que sobresalía técnicamente: era que, en el juego, mostraba una intensidad emocional diferente. Messi no pedía atención. No buscaba elogios. Jugaba con el corazón a flor de piel, como si en cada entrenamiento le fuera la vida. Y, en cierto modo, así era.

"Había chicos con más físico, otros con más carácter, pero ninguno como él en cuanto a concentración emocional", explicaría Joan Vilà, referente del fútbol base culé. "Entraba en un estado especial cuando tenía la pelota. Se metía en su mundo".

En los entrenamientos, no era raro verlo repetir una jugada en soledad, después de la práctica, como si necesitara no solo perfeccionarla, sino habitarla. En esos momentos, Messi no buscaba la perfección por vanidad, sino por instinto. Sabía que cuanto más se aferrara al juego, más podía protegerse de lo que dolía fuera del campo.

El fútbol lo salvó. Lo salvó del desarraigo, del duelo, del miedo. Lo salvó de la adolescencia en un país ajeno. De sentirse un extraño. De estar lejos de todo lo que amaba.

No lo gritó. No lo escribió en redes sociales. No lo puso en palabras. Lo expresó como siempre lo hizo: jugando. Gambeteando como quien esquiva fantasmas. Tocando con sutileza como quien busca contacto. Corriendo hacia el gol como quien busca sentido.

Y así, partido a partido, entrenamiento a entrenamiento, Messi fue construyendo su refugio. Su forma de resistir sin quebrarse. El fútbol fue su casa, su voz, su consuelo y su salvación. Y lo sigue siendo.

5. La Masía: forjando una joya silenciosa

Cuando Lionel Messi ingresó a La Masía, no entró simplemente a una escuela de fútbol: ingresó a una filosofía, a una manera de entender el juego y, en muchos sentidos, la vida. Barcelona no fichaba solo por talento; buscaba mentalidades, actitudes, maneras de encarar la adversidad. Y desde el primer día, quedó claro que Messi era un caso distinto.

La Masía era —y sigue siendo— un templo del fútbol formativo. Fundada en 1979, al pie del Camp Nou, en una antigua casona catalana, albergaba a decenas de niños y adolescentes que soñaban con ser parte del primer equipo. Pero allí, el triunfo no era lo más importante. Lo esencial era aprender a jugar "como el Barça", con toque, inteligencia, humildad y trabajo colectivo.

"En otros lugares te enseñan a ganar. En La Masía te enseñan a jugar bien, que no es lo mismo", decía el mítico formador Albert Benaiges. La diferencia, para muchos chicos, era chocante. No para Messi.

Desde el inicio, Leo encajó como si hubiera nacido para ese sistema. No por lo que decía —porque hablaba poco—, sino por cómo jugaba: entendía el tiempo, el espacio, el ritmo. Su modo de moverse, de pensar, de asociarse con los demás, parecía estar ya afinado al ADN del club.

"Tenía una comprensión intuitiva del juego posicional", explicaría Xavi Hernández. "Sabía dónde estar, cuándo tocar, cuándo esperar. Y lo hacía todo con una naturalidad que asombraba".

Mientras otros niños aprendían los fundamentos, Messi los ejecutaba sin esfuerzo. El pase corto, la triangulación, la pausa, el desmarque... Para él no eran técnicas aprendidas, eran parte de su naturaleza. "Era como si lo hubiera mamado desde la cuna", decía Jordi Roura, exentrenador de juveniles.

Y sin embargo, en lo físico, la diferencia también era abismal. Era el más bajo, el más liviano, el que usaba tallas más chicas. En los partidos, sus rivales solían mirarlo con una mezcla de burla y lástima. "A veces lo subestimaban al verlo tan pequeño", contaría un compañero. "Pero bastaba con que tocara el balón una vez para que todo cambiara".

No era raro que los entrenadores rivales se acercaran después de los partidos para confirmar lo que habían visto. "¿Cuántos años tiene? ¿Está bien federado? ¿De verdad mide tan poco?" Las preguntas se repetían. Y el asombro también.

La diferencia no solo era abismal con respecto a los demás jugadores. Era abismal con respecto a cualquier expectativa. Messi no corría como los otros, no hablaba como los otros, no festejaba como los otros. Pero en el juego, elevaba el nivel de todos. Y eso, en La Masía, era sagrado.

"En el Barça no te enseñan a ser el mejor del mundo", diría años después Pep Guardiola. "Te enseñan a entender el juego. Messi ya lo entendía. Solo había que acompañarlo".

Así fue: los técnicos no lo intervinieron demasiado. Lo observaron, lo cuidaron, lo dejaron ser. Sabían que estaban frente a una joya silenciosa. Una que brillaba no por los gritos, ni por las cámaras, ni por la vanidad, sino por la pureza de su fútbol.

Messi no fue moldeado por La Masía. Fue La Masía quien confirmó que ese chico ya era, desde siempre, un jugador de otra dimensión.

Hay prodigios que tardan en revelarse, talentos que necesitan tiempo para florecer. Lionel Messi no fue uno de ellos. Desde el primer toque de balón en La Masía, todos los que lo veían sabían que algo extraordinario estaba sucediendo.

"Nos dimos cuenta en cinco minutos", recordaría Carlos Martínez, uno de los primeros entrenadores que lo vio jugar en el fútbol base del FC Barcelona. "No hacía falta más. Era como si hubiera aprendido en otra dimensión. Como si el fútbol viniera con él".

Lo que asombraba no era solo su habilidad técnica —aunque era abrumadora—, sino la forma en que tomaba decisiones. En espacios reducidos, bajo presión, ante rivales más altos y rápidos, Messi encontraba siempre la mejor jugada. Y lo hacía con una naturalidad que desarmaba cualquier análisis táctico.

"Tomaba buenas decisiones todo el tiempo. No de vez en cuando. Siempre", explicaba Joan Vilà, formador histórico del Barça. "Eso no se entrena. Se tiene o no se tiene".

Los psicólogos del club, acostumbrados a analizar el carácter y la integración emocional de los chicos, también tomaron nota desde el principio. Messi no era un niño conflictivo ni egocéntrico. Tampoco especialmente social. Era reservado, introspectivo, incluso hermético. Pero en el campo, se transformaba.

"Era un enigma fuera del césped y un poema dentro de él", diría Enric Casas, psicólogo deportivo. "No buscaba liderar, pero todos lo seguían. No decía casi nada, pero su fútbol hablaba por él".

Los compañeros lo notaban. Algunos, al principio, se mostraban escépticos ante ese chico pequeño, callado, venido de Argentina. Pero bastaban unos minutos de juego para cambiar su percepción. No tardaron en llamarlo "el marciano", porque parecía no jugar bajo las mismas leyes de la física que el resto.

"Nosotros teníamos que pensar las jugadas. Él las sentía", contaría años después Cesc Fàbregas, quien compartió vestuario con Messi en las categorías inferiores. "Y eso, a esa edad, era impresionante".

No faltaron las bromas internas, las risas en el comedor, los apodos por su acento rosarino o su tamaño. Pero con el tiempo, todos aprendieron a respetarlo. No por imposición, sino por admiración. Messi no necesitó imponer jerarquías. Se las ganó en silencio.

Los técnicos empezaron a cuidarlo. No lo sobrecargaban. No lo presionaban con discursos grandilocuentes. Simplemente lo dejaban jugar. Sabían que su talento era tan evidente como frágil. Había que protegerlo del entorno, de las expectativas, incluso de sí mismo.

"Había que evitar el circo, el ruido, el ego", diría Albert Puig, entonces coordinador del fútbol base. "Y Messi no era un chico fácil de deslumbrar. Solo quería jugar. Ni más ni menos".

Lo más sorprendente es que no parecía disfrutar del aplauso. No levantaba los brazos tras un gol. No buscaba la cámara. Marcaba, asistía, driblaba... y volvía a su sitio, como si el fútbol fuera una tarea sagrada que debía cumplir con humildad.

Y así, con esa forma tan suya de estar en el mundo —sin gritar, sin pedir permiso—, Messi empezó a convertirse en leyenda entre pasillos aún silenciosos, en campos secundarios, en entrenamientos sin público. Todos lo sabían. Todos lo sentían. Había algo diferente en ese niño. Algo irrepetible.

En La Masía, donde convivían adolescentes de distintas culturas, personalidades y ambiciones, Lionel Messi destacaba no solo por su juego, sino por su silencio persistente. Era el chico que no interrumpía, que no alzaba la voz, que apenas hablaba fuera del campo. Pero ese mutismo no era vacío: era intensidad contenida. Una concentración casi monástica.

"Era como un monje del fútbol", diría años después Pere Gratacós, uno de sus entrenadores en juveniles. "No necesitaba motivación externa. Venía a entrenar como si viniera a rezar".

Messi no desobedecía, no discutía, no buscaba sobresalir fuera del juego. Cumplía con cada indicación, aunque rara vez hiciera falta dárselas. "Parecía saber lo que íbamos a decirle antes de que habláramos", contaba Fran Sánchez, técnico en cadetes. "No hacía falta repetirle las cosas. Escuchaba una vez y ejecutaba".

Los entrenadores coincidían en que su obediencia no era sumisión, sino una muestra de compromiso total. A diferencia de otros talentos de su generación, Leo no tenía aires de estrella. No pedía ser el capitán, no exigía protagonismo. Jugaba y se iba. Ni una palabra de más.

Su carácter reservado, sin embargo, no era sinónimo de fragilidad. Al contrario: detrás de ese silencio habitaba una voluntad feroz, una obsesión interna que lo empujaba a perfeccionarse todos los días. Mientras algunos chicos soñaban con la fama o imitaban a sus ídolos, Messi solo pensaba en mejorar.

"Se quedaba solo practicando tiros, regates, controles", contaba un utilero del club. "No se reía, no se distraía. Era como si el balón fuera su única compañía posible".

Lo más llamativo era que no parecía disfrutar el aplauso, ni necesitaba que lo felicitaran. Para Messi, el reconocimiento no era combustible. Lo era el juego mismo. La pelota como centro del universo. "Era como si quisiera ser invisible fuera del campo y omnipresente dentro de él", resumía un formador.

Su obsesión era tan silenciosa como constante. Revisaba partidos, corregía movimientos, observaba a los mayores. No lo hacía por ansiedad, sino por amor al juego. "Cuando veía un error suyo, le dolía", recordaría Rodolf Borrell, coordinador del fútbol base. "No decía nada, pero se notaba. Y al día siguiente, venía a corregirlo".

Esa combinación —reserva, humildad y obsesión— fue una bendición para el club. Nunca dio problemas, nunca desentonó. Y sin embargo, su presencia era imposible de ignorar. No por lo que decía, sino por lo que hacía. En una generación con jóvenes brillantes y egos en formación, Messi era una anomalía: el genio callado.

"El mejor que hemos visto y el más invisible fuera del campo", decían en los pasillos de La Masía. Porque incluso entonces, cuando no era aún una estrella mundial, ya brillaba con luz propia, sin necesidad de reflectores. Y esa luz —firme, discreta, inquebrantable— solo podía nacer de una obsesión profunda: la de amar el fútbol más que a cualquier otra cosa.

En los pasillos de La Masía, donde convivían chicos de múltiples nacionalidades, culturas y egos, Lionel Messi pasaba casi desapercibido. No por falta de presencia, sino por su manera de estar en el mundo: sereno, discreto, y siempre respetuoso.

"No era el alma de la fiesta, pero todos lo querían", recordaría años después Gerard Piqué, que compartió formación con él. "Nunca lo veías metido en líos, pero sabías que estaba".

Messi no imponía autoridad, no necesitaba hacerse notar. Su modo de relacionarse era simple: jugaba con todos, hablaba con pocos y molestaba a nadie. Esa forma de ser, tan inusual en adolescentes en formación, generaba una atmósfera de respeto inmediato. Nadie lo consideraba arrogante, y al mismo tiempo, nadie se atrevía a subestimarlo.

Sus compañeros más cercanos lo recuerdan como un chico que nunca levantaba la voz ni discutía una orden, pero que defendía sus valores en el campo con gestos más elocuentes que cualquier grito. Si había una falta injusta, si un amigo era criticado, Messi no necesitaba grandes discursos. Bastaba un pase perfecto, un gol inesperado, una mirada firme.

"Tenía una forma silenciosa de liderar", decía Marc Valiente, uno de sus capitanes en categorías inferiores. "No daba arengas, pero su fútbol ponía a todos en su sitio".

Tampoco era un niño aislado. Compartía habitación, jugaba a la PlayStation, reía en grupo. Pero nunca buscaba el centro de atención. Era, como diría un educador de la Masía, "de esos que escuchan más de lo que hablan, y actúan más de lo que prometen".

Con los entrenadores, mostraba una actitud siempre respetuosa. Asentía, acataba, ejecutaba. Nunca lo oyeron quejarse por una suplencia, ni protestar por una indicación táctica. No era sumisión; era confianza en el proceso. "Era el tipo de jugador que te agradece el consejo sin necesidad de palabras", afirmaría Álex García, técnico del cadete A.

Los cocineros, los psicólogos, los fisios… todos coincidían en algo: Messi era educado, amable y reservado. No tenía arranques de genio, ni caprichos de estrella. Si tenía un mal día, lo disimulaba. Si lo elogiaban, bajaba la cabeza. "Gracias", decía, y nada más.

En un ambiente donde muchos jóvenes soñaban con ser famosos antes que buenos, Messi representaba una ética silenciosa. No necesitaba demostrar nada con palabras, porque lo decía todo con la pelota.

Su respeto era tan natural que se volvía contagioso. Nadie se atrevía a hablar mal de él. Nadie se burlaba. Nadie lo provocaba. Porque Messi no solo era el mejor: era, también, el más íntegro. Y así, con esa actitud sencilla y esa lealtad silenciosa hacia sus compañeros y formadores, fue ganándose un lugar sin estridencias, sin alardes, sin ruido. Solo con respeto, trabajo… y una zurda que hablaba por él.

En una cantera repleta de jóvenes ansiosos por brillar, Lionel Messi destacaba por lo contrario: su luz no provenía de su presencia social, sino de su ausencia sonora. No era el que más hablaba, ni el que más gesticulaba, ni el que buscaba atención. Y, sin embargo, todos sabían que estaba ahí. Su silencio era una forma de intensidad.

"Messi no era tímido. Era introvertido. Y eso es muy distinto", explicaría años más tarde Pep Guardiola, que lo conoció siendo aún juvenil. "La timidez es miedo. La introversión, en su caso, era un foco absoluto. Todo lo que no expresaba con la boca, lo expresaba con el balón".

Muchos creían que esa aparente distancia escondía inseguridad. Pero el tiempo demostró que se trataba de una estrategia inconsciente de concentración extrema. Messi no evitaba a los demás; simplemente habitaba otro plano. Mientras otros hablaban de chicas, de marcas, de rivalidades, él pensaba en fútbol. En cómo perfilarse mejor. En cómo anticipar al portero. En cómo controlar en menos de medio segundo.

"Era como si estuviera en otro mundo cuando no tenía el balón", contaba Thiago Alcántara, compañero en sus primeras etapas con el primer equipo. "Pero apenas comenzaba a rodar, se transformaba. Y todo tenía sentido".

En realidad, su silencio era su armadura, su manera de protegerse del ruido, de las expectativas ajenas, de las presiones prematuras. Un escudo que le permitía mirar hacia adentro sin perder el equilibrio. Mientras algunos chicos se quemaban por la exposición o se deslumbraban con los primeros elogios, Messi se mantenía al margen. No por modestia impostada, sino por naturaleza.

"El fútbol le salía del alma, no del marketing", comentaba Albert Benaiges, jefe de captación en su etapa formativa. "Y para cuidar ese fuego, necesitaba silencio. Necesitaba estar consigo mismo".

Esa introversión también lo salvó. Las lesiones, las dudas físicas, la distancia con su familia… todo eso pudo haberlo derrumbado. Pero él se refugiaba en la rutina. En los entrenamientos. En el juego. No hablaba de sus miedos. Los regateaba.

"Yo me siento feliz cuando tengo la pelota", confesó en una de sus raras entrevistas de juventud. "Ahí me olvido de todo".

Con los años, esa capacidad para desconectarse del entorno y entrar en una burbuja personal se volvió una de sus armas más poderosas. No lo perturbaban los estadios llenos, ni las cámaras, ni los abucheos rivales. Porque ya desde niño había aprendido a concentrarse como un asceta: ajeno a lo superfluo, centrado solo en lo esencial.

Su introversión, lejos de ser un obstáculo, fue el cimiento de su grandeza. En un deporte cada vez más ruidoso, más mediatizado, más teatral, Messi se convirtió en un caso atípico: un genio que no necesitaba hablar para conmover al mundo. Jugaba. Y eso bastaba.

6. Nacimiento de una leyenda

Todo cambió un 16 de noviembre de 2003. El Camp Nou estaba vacío, como lo están los templos antes del milagro. Era solo un partido amistoso entre el FC Barcelona y el FC Porto, dirigido por un joven José Mourinho, para inaugurar el nuevo estadio del club portugués. Pero para un chico de 16 años, delgado, casi frágil, esa noche era mucho más que eso: era el primer paso hacia el Olimpo.

Ese chico era Lionel Andrés Messi Cuccittini. Nadie lo conocía fuera del entorno de La Masía. Para muchos, era "el argentino pequeñito" que jugaba bien en los juveniles. Para Frank Rijkaard, entrenador del primer equipo, era una promesa digna de mirar con atención. Y para Carles Rexach, que lo había fichado tiempo atrás con una servilleta y un acto de fe, era la confirmación de que el futuro ya había llegado.

Entró en la segunda parte con el dorsal 14. Los periodistas no sabían ni cómo se pronunciaba su apellido. No hubo anuncio grandilocuente. Solo un chico con cara de niño caminando hacia el césped, como quien entra en su patio de juegos.

"Messi tocó la primera pelota y todo cambió", recordaría años después el cronista portugués João Nuno Coelho. "Parecía que el balón tenía imán en sus pies".

Fue rápido, fue eléctrico, fue natural. En una jugada se sacó a dos defensas, amagó al portero y casi marca. No necesitó anotar para dejar claro que tenía algo distinto. Algo que no se entrenaba.

"Ese día supimos que había nacido algo grande", dijo Deco, uno de los referentes del equipo por entonces. "No entendías cómo alguien tan pequeño podía jugar como si ya llevara mil partidos".

Aunque no fue un debut oficial, ese amistoso quedó grabado como el bautismo simbólico. Allí empezó la leyenda. Días después, Ronaldinho —el rey indiscutido del vestuario— lo vio entrenar y comentó con una sonrisa: "Este chico será mejor que yo". Nadie lo creyó del todo… aún.

En La Masía, los que lo conocían no se sorprendieron. Sabían que era cuestión de tiempo. "Messi no estaba nervioso, estaba concentrado", afirmaba Àlex García, su técnico en juveniles. "Era como si ya supiera que ese era su lugar".

Tras ese primer contacto con el primer equipo, Leo comenzó a entrenar con los mayores con frecuencia. Silencioso como siempre, pero cada vez más inevitable. En cada sesión dejaba huella. Algunos defensas intentaban frenarlo con firmeza. Otros, con asombro. Pero todos, tarde o temprano, entendían lo mismo: no era un niño prodigio, era una anomalía hermosa.

En palabras de Xavi Hernández, quien fue testigo privilegiado de ese primer ascenso: "No sabías si era magia o física cuántica. Pero lo que hacía con la pelota no era normal." Messi no había llegado para impresionar. Había llegado para quedarse. Y el mundo, aún sin saberlo, acababa de recibir a su nuevo dios del fútbol.

Hay goles que se celebran. Hay goles que se recuerdan. Y hay goles que se graban en la memoria colectiva como si fueran capítulos sagrados de un evangelio deportivo. El 18 de abril de 2007, Lionel Messi marcó uno de esos goles. Uno que no se explica, sino que se contempla. Un gol que no fue solo una obra maestra, sino también una declaración universal: el heredero había llegado.

Fue en una semifinal de Copa del Rey contra el Getafe. Messi recibió el balón cerca de la banda derecha, apenas pasado el mediocampo. Tenía 19 años. Pesaba 60 kilos. Medía 1,69. A su alrededor, había seis rivales entre él y la portería. Lo lógico era tocar hacia atrás. Pero Messi no obedecía las leyes de lo previsible.

Arrancó. Primero esquivó al primero con un recorte corto. Luego al segundo con una finta seca. Después, se coló entre dos defensores con una aceleración inverosímil. Dejó atrás al portero con un toque sutil y, cuando parecía que no quedaba ángulo, la empujó con la zurda, como quien firma un poema. La gente en el Camp Nou no gritó: *jadeó*. Como si no pudiera creerlo.

"Fue el gol de Maradona... pero con el 19 en la espalda y en el siglo XXI", escribió al día siguiente el periodista Santiago Segurola.

Las comparaciones fueron inmediatas. Era casi una réplica de aquel gol mítico de Diego en el Mundial del '86 ante Inglaterra. Pero no era un calco: era una reencarnación. Una cita mística. Un eco de algo eterno.

"Ese día todos supimos que Leo no era solo talento. Era historia pura en movimiento", dijo Carles Puyol, capitán del equipo.

Ronaldinho, que aún reinaba en el vestuario, fue el primero en rendirse. En lugar de ponerse celoso, celebró como un maestro que reconoce al alumno que lo superará. "Messi es de otro planeta", dijo tras el partido. Y en los entrenamientos, comenzó a llamarlo "el enano mágico".

Su gesto más bello fue en otro gol, unos meses después. En un clásico ante el Real Madrid, Ronaldinho le dio una asistencia y, al ver que el joven argentino anotaba, lo alzó en brazos frente a la afición del Camp Nou, como quien corona al nuevo rey. Fue una reverencia sin palabras, un traspaso de antorcha que no necesitó discursos.

"Me enseñó mucho", diría Messi años más tarde. "Me dio confianza, me protegió. Le estaré siempre agradecido".

Y es que Ronaldinho, con su sonrisa y su generosidad, fue el puente entre dos eras. Mientras una estrella comenzaba a declinar, otra —más silenciosa, más obsesiva, más terrenal y a la vez más infinita— comenzaba a ascender sin freno.

El gol al Getafe fue solo una chispa. Luego vendrían decenas de goles parecidos: imposibles, inverosímiles, inevitables. Pero ese fue el primero que el mundo entero vio como un presagio. Como una señal. Como un susurro de los dioses del fútbol que decían: "Aquí está. Este es. Ya llegó."

Con cada gol, con cada gambeta, con cada ovación, Lionel Messi dejaba de ser un chico y se convertía en un fenómeno. La prensa mundial comenzaba a corear su nombre, los patrocinadores lo buscaban, los fanáticos lo perseguían. Pero mientras el ruido exterior crecía, él se encerraba más en sí mismo.

No era una pose. No era timidez escénica. Era una necesidad vital de proteger su esencia.

"Messi fue el primer genio del fútbol global que no quiso ser famoso", escribió el periodista argentino Martín Caparrós. Y no exageraba. Mientras otros futbolistas buscaban el foco, Leo lo esquivaba. No daba entrevistas, no iba a fiestas, no salía en portadas por su vida privada. Su único lenguaje era el balón.

"No me gusta hablar mucho, prefiero demostrar en la cancha", decía cada vez que algún micrófono lograba capturarlo por unos segundos. Su voz era baja, su tono apenas audible. Parecía que cada palabra le costaba más que un regate en el área.

Y sin embargo, el mundo no dejaba de hablar de él. Los titulares lo consagraban: "El nuevo Maradona", "El heredero del trono", "La Pulga atómica".

Cada semana, las cámaras lo seguían con obsesión. Cada gesto era analizado, cada paso escrutado. La maquinaria mediática lo devoraba todo, salvo lo más importante: su silencio.

"Messi jugaba como si no estuviera ahí", decía Enric González, cronista del diario *El País*. "Como si su cuerpo estuviera en el campo, pero su mente en un lugar secreto al que nadie tenía acceso".

Ese desajuste entre el espectáculo que protagonizaba y el rechazo a ser el centro de ese mismo espectáculo generaba desconcierto. No era un líder carismático ni un provocador. No declaraba frases memorables. No era mediático ni mediador. Era, simplemente, un jugador.

Y eso, en la era de la hipervisibilidad, resultaba casi subversivo.

Incluso en las campañas publicitarias que protagonizó por contrato, sus apariciones eran breves, limpias, sin florituras. "Que hable el juego", era el lema implícito de toda su imagen. En una sociedad adicta al discurso, Messi era un enigma que no se resolvía con palabras.

"En él no hay personaje", afirmaba Jorge Valdano. "Y por eso cuesta tanto describirlo. Porque no hay doble fondo, no hay artificio. Solo hay fútbol".

Sus compañeros respetaban ese muro invisible. No era un ermitaño, pero sí un solitario funcional. Tenía su círculo, sus rutinas, sus silencios. Y sobre todo, su manera de resistir el peso del mundo: con trabajo. Con repeticiones. Con obsesión.

La fama, esa droga dulce para tantos, para Messi era una carga silenciosa. La soportaba porque venía con el juego. Pero nunca la buscó. Nunca la quiso.

Y así, mientras se convertía en uno de los rostros más reconocidos del planeta, Lionel seguía siendo, en el fondo, aquel niño de Rosario que prefería no hablar. Que decía todo con la zurda. Que huía al silencio para poder seguir siendo él mismo.

La historia de Messi no es solo una línea ascendente de genialidades. Es también un relato de fragilidad, de caídas y de cicatrices. Antes de que el mundo lo viera como el superhombre del fútbol, Messi fue un cuerpo que no siempre respondía a la altura de su alma futbolística.

Entre 2005 y 2008, vivió una etapa difícil, marcada por las lesiones musculares. Especialmente, los desgarros en los isquiotibiales se volvieron una pesadilla recurrente. Cada vez que parecía alcanzar su mejor forma, algo se rompía. Y con eso, se encendía la duda.

"El talento estaba claro, pero el físico no acompañaba", admitió años después Frank Rijkaard, su entrenador durante esos años. "Nos preguntábamos si su cuerpo aguantaría el ritmo de la élite".

En marzo de 2006, en plena Champions League, Messi sufrió un desgarro en la pierna derecha durante un partido contra el Chelsea. Fue sustituido entre lágrimas. No por el dolor físico —al que ya estaba acostumbrado desde niño— sino por la frustración: le estaban robando el vuelo en el momento más alto.

"Esa noche lloró solo, sin consuelo", recordó su hermano Rodrigo Messi. "No decía nada, pero sabíamos lo que sentía: rabia, impotencia, miedo".

En esa época, algunos medios empezaron a preguntarse si su fragilidad era genética. "Demasiado pequeño, demasiado liviano, demasiado propenso a romperse", tituló *L'Équipe* tras una recaída en 2007. Otros insinuaban que no resistiría una temporada completa a nivel profesional. Que era un jugador de cristal.

Pero en el silencio de su habitación, mientras el mundo dudaba, Messi se aferraba a la rutina como salvación. Doble sesión de gimnasio. Rehabilitación obsesiva. Trabajo de prevención muscular. Alimentación milimétrica. Cada día era una batalla para proteger su herramienta: ese cuerpo que parecía traicionarlo, pero que él nunca dejó de cuidar.

"Leo aprendió a escuchar a su cuerpo como se escucha a un amigo enfermo", dijo su preparador físico Juanjo Brau. "Lo trataba con respeto, con paciencia, sin enojo".

La peor recaída llegó en diciembre de 2007. Otro desgarro, esta vez en el muslo izquierdo. Tercera lesión importante en menos de dos años. Fue entonces cuando el Barça le propuso una preparación especial con un grupo reducido. Su objetivo no era ganar músculo como un fisicoculturista, sino encontrar el equilibrio exacto entre potencia y ligereza.

Como un bailarín que necesita fuerza para el salto, pero también aire para la caída.

La respuesta fue brutal: en la temporada siguiente, Messi comenzó a jugar con regularidad, sin lesiones graves. Su cuerpo, por fin, se adaptó al vértigo de su genio.

"Yo no soy de hierro", dijo en una entrevista. "Pero aprendí a caer bien. Y sobre todo, aprendí a levantarme".

Esas lesiones que casi lo rompen, que casi lo frenan, forjaron su temple. Le enseñaron que la grandeza no se mide solo en goles, sino en la capacidad de resistir cuando todo duele y nadie te aplaude.

Y por eso, cada vez que celebraba un gol mirando al cielo, había algo más que una dedicatoria a su abuela: era también un pequeño homenaje a ese niño, a ese joven lesionado, a ese Messi que nunca se dejó quebrar del todo.

En un mundo que aplaude los destellos, Messi eligió el camino más silencioso: la constancia. Mientras los titulares cambiaban cada semana y las estrellas brillaban y se apagaban con la rapidez de un clic, él construía algo más raro y más duradero: una obra maestra hecha de repeticiones, rutina y resiliencia.

"El talento te hace destacar un día. El trabajo, toda la vida", dijo una vez Pep Guardiola, y si alguien encarna esa frase es Lionel Messi. Pocos como él han entendido que la genialidad necesita disciplina, y que sin esfuerzo, incluso el don más prodigioso se apaga.

En el vestuario, era el primero en llegar. En los entrenamientos, el último en irse. No hablaba. No arengaba. No hacía gestos teatrales. Simplemente, repetía una y otra vez la misma jugada hasta que salía perfecta. "Messi practicaba un pase corto como si fuera un penalti en la final de un Mundial", recordó Sergio Busquets. "Su nivel de exigencia era brutal, pero siempre hacia él mismo".

La resiliencia, en él, no era épica ni dramática. Era silenciosa y metódica. No necesitaba gritar su esfuerzo: lo encarnaba. Su cuerpo, alguna vez frágil, se volvió resistente gracias a esa fidelidad al trabajo diario. Su mente, alguna vez insegura, se templó en la repetición. Su juego, alguna vez impulsivo, se volvió quirúrgico.

"Messi no era un producto de una inspiración divina. Era un obrero del fútbol con alma de artista", escribió el periodista catalán Xavi Torres.

Y eso se veía no solo en los partidos, sino en los entrenamientos, donde sus compañeros a veces se sentían espectadores. "Era frustrante: vos dabas el cien por cien y él, sin hacer esfuerzo aparente, te dejaba atrás", dijo Gerard Piqué. "Pero entonces entendías que no era magia. Era repetición. Era obsesión".

En esa época, comenzó también a cuidar hasta el último detalle: su alimentación, su descanso, su musculatura. "Dejó de comer golosinas, de beber gaseosa. Se lo tomó en serio como si su vida dependiera de eso", afirmó Julián Palmiro, uno de sus fisioterapeutas.

Ese cambio no fue solo físico. Fue espiritual. Messi entendió que si quería mantenerse en la cima, debía ser constante como una gota que pule la piedra. Y esa fe en el trabajo fue la clave de su evolución: de jugador prometedor a leyenda viva.

"Nunca me creí el mejor. Siempre pensé que podía mejorar", confesó años después.

No hubo épicas melodramáticas, ni gestas sobrehumanas. Hubo algo más poderoso: la paciencia del que sabe esperar, la humildad del que sabe entrenar, el compromiso del que no se rinde ni en el éxito ni en la adversidad.

Y así, mientras el mundo lo elevaba a la categoría de mito, Messi se mantenía con los pies en la tierra, repitiendo pases, afinando su zurda, observando videos de sus propios errores. Porque para él, la verdadera victoria no era el aplauso. Era seguir mejorando.

TERCERA PARTE:
La era Messi

7. *El fútbol total: la era Guardiola*

La historia del fútbol está llena de innovaciones tácticas, pero pocas han cambiado tanto el juego como aquella decisión de Guardiola en 2009: colocar a Lionel Messi como falso nueve. Fue una idea audaz, casi herética, que desafiaba el sentido común. ¿Un delantero centro… sin ser delantero centro? ¿Un pequeño entre gigantes? Y sin embargo, fue un acto de genialidad compartida: el pensamiento del técnico y la ejecución del genio.

"Messi es el mejor en todo. Si juega en el medio, organiza; si está arriba, define; si baja, crea. Entonces pensé: ¿por qué limitarlo?", explicó años después Pep Guardiola, recordando la noche en que cambió la historia del fútbol con una sola decisión.

El contexto fue un clásico, ni más ni menos: un Real Madrid – Barcelona en el Santiago Bernabéu. En vez de ubicar a Messi en su habitual banda derecha, Guardiola lo soltó al centro. No era un delantero clásico. No esperaba de espaldas. No buscaba el choque. Messi deambulaba. Se escondía entre líneas.

Se desmarcaba con una naturalidad que desquiciaba a los centrales.

"Salimos a buscarlo y ya no estaba. No sabíamos si marcarlo con un defensa o con un mediocampista", confesó Christoph Metzelder, entonces defensa del Madrid.

Ese día, el Barça ganó 2 a 6. Messi marcó dos goles, asistió en otros y dejó una lección táctica que se estudiaría durante años. Nacía el falso nueve. Pero más allá del nombre, lo que nacía era una nueva forma de entender el fútbol: basada sobre la inteligencia, en el movimiento, en la comprensión espacial del juego.

Messi no se había convertido en goleador por capricho. Había encontrado la zona cero del campo, ese punto ciego donde nadie lo podía frenar. Cuando bajaba a recibir, arrastraba a los defensas. Cuando se quedaba estático, obligaba al rival a dudar. Cuando aceleraba, era imparable. "Es como jugar al ajedrez con un niño que ya vio todas las jugadas posibles", dijo Jorge Valdano. "Y aun así, te gana siempre".

Esa posición le permitió influir en todo: no solo marcaba, sino que diseñaba el juego. A su alrededor, Xavi, Iniesta, Busquets y Alves tejían una sinfonía coral donde Messi era el sol que ordenaba todas las órbitas.

Y mientras tanto, él seguía con su cara de niño, sin hacer alarde. "No inventé el falso nueve", diría después. "Solo hago lo que me piden". Pero lo que él hacía, nadie más lo podía hacer.

Con el tiempo, muchos entrenadores intentaron imitar ese rol en otros jugadores. Pero lo que Guardiola había entendido —y Messi ejecutado— no era una fórmula repetible, sino una conjunción irrepetible: un sistema de juego y un jugador fuera del sistema. Porque Messi, incluso en el orden más perfecto, siempre fue el caos necesario. El desequilibrio que da sentido al equilibrio.

"Messi rompió el molde de los delanteros y creó el suyo", escribió el periodista británico Jonathan Wilson, especialista en táctica. "No jugaba en una posición. Jugaba en todas".

Ese experimento táctico, nacido en un clásico, se convirtió en una revolución que llevó al Barça a lo más alto y al fútbol a una nueva era. Y todo comenzó con una pregunta: ¿Y si dejamos a Messi pensar el partido desde el centro del universo?

Cuando Lionel Messi se consolidó como el eje del Barcelona de Guardiola, lo que ocurrió no fue solo una buena racha. Fue una revolución estadística y emocional. El fútbol, tan celoso de sus mitos, comenzaba a inclinarse ante un chico que no levantaba la voz, que no pedía nada y que, sin embargo, lo estaba haciendo todo. Los récords, que suelen resistirse con dignidad antes de caer, comenzaron a rendirse con frecuencia pasmosa. Uno tras otro, iban cayendo como si fueran piezas de dominó empujadas por una zurda sobrenatural.

Entre 2009 y 2012, el Barça alcanzó un nivel de excelencia casi irrepetible. No solo ganaba partidos: los dominaba, los transformaba en espectáculos de precisión técnica, inteligencia táctica y armonía colectiva. Pero en el corazón de ese engranaje perfecto latía el fútbol puro de Messi. "Nunca había visto un equipo jugar así. Y nunca volveré a verlo", reconocería, sin rastro de resignación, Sir Alex Ferguson después de que su poderoso Manchester United fuera superado en dos finales de Champions League, en 2009 y 2011.

En ese contexto, Lionel Messi firmó una temporada que aún hoy parece irreal. En el curso 2011–2012, anotó 73 goles oficiales en todas las competiciones, superando un récord que llevaba casi cuatro décadas intacto: los 67 tantos de Gerd Müller con el Bayern en 1973. Nadie había llegado tan lejos. Nadie lo había hecho de forma tan natural, sin grandes alardes, sin ruidos innecesarios. "No es humano", dijo Thierry Henry, que compartió vestuario con él y conocía de cerca la magnitud de su talento. "O si lo es, entonces redefine lo que significa ser humano".

Aquel Messi parecía vivir en una dimensión paralela del juego. Si un defensor se acercaba, ya era tarde. Si lo marcaban de a dos, encontraba el pase justo. Si el ángulo era imposible, convertía. Pero lo más asombroso no era que marcara goles —que los marcaba, y muchos—, sino *cómo* los marcaba. Como si el campo fuera un tablero de ajedrez que él ya hubiese resuelto antes del primer movimiento.

Partidos como el 5–0 al Real Madrid en el Camp Nou en 2010 no solo quedaron grabados en la memoria del barcelonismo, sino también en la historia grande del fútbol europeo. Aunque no anotó ese día, Messi fue el arquitecto invisible de una de las mayores exhibiciones tácticas del siglo XXI. Como dijo Santiago Segurola, uno de los cronistas más lúcidos del deporte español: "fue su partido más silenciosamente perfecto".

Otra noche memorable fue la del 7 de marzo de 2012, en el Camp Nou, cuando marcó cinco goles al Bayer Leverkusen en un solo partido de Champions League. Fue la primera vez que un jugador lograba semejante hazaña en la era moderna del torneo. Robin Dutt, técnico del equipo alemán, lo resumió con honestidad: "No sabíamos si aplaudir o pedirle que se detuviera".

Y, por supuesto, está la imagen indeleble del 2 a 6 en el Santiago Bernabéu, el día en que el falso nueve se convirtió en una pesadilla táctica para el Real Madrid. Messi anotó, asistió y dirigió el encuentro con la impunidad de quien no necesita pedir permiso para brillar. Aquel fue uno de esos partidos que no se explican, se sienten. El Barcelona parecía invencible, y Messi, intocable.

A nivel individual, los reconocimientos llegaron en cascada. Ganó cuatro Balones de Oro consecutivos entre 2009 y 2012, una marca que nadie había alcanzado hasta entonces. Cada galardón tenía un peso distinto, porque cada temporada lo encontraba reinventado: más goleador, más asistente, más decisivo, más completo.

Los títulos colectivos también se apilaron con vértigo: tres Ligas españolas (2009, 2010 y 2011), dos Champions League, dos Copas del Rey, tres Supercopas de España, dos Supercopas de Europa, dos Mundiales de Clubes... No se trataba solo de acumular trofeos, sino de cómo se llegaba a ellos. Con una propuesta de juego que deslumbró al mundo y que convirtió al Barça en referente estético y moral del fútbol moderno.

A todo esto se sumó, en 2012, otro hito que parecía inalcanzable: los 91 goles en un solo año natural, superando los 85 que había anotado Gerd Müller en 1972. El récord fue verificado por la FIFA, revisado una y otra vez, como si la cifra desafiara las reglas de lo posible. Michel Platini lo dijo con claridad: "No se trataba de números, sino de cómo los hacía. Cada gol era una pieza de arte".

Pero, tal vez, lo más admirable fue que Messi lo logró sin cambiar. Seguía siendo el mismo chico de Rosario que hablaba poco, que entrenaba como el que respira, que no buscaba ser protagonista fuera del campo. "Leo no necesitaba levantar la voz. Con mirar, ya bastaba", contó Carles Puyol, su capitán. En un tiempo de egos desmedidos y declaraciones altisonantes, Messi era silencio, constancia y precisión.

Algunos dijeron que se trataba del mejor jugador de todos los tiempos. Otros, más prudentes, preferían hablar de "una anomalía estadística". Pero los que lo vieron jugar sabían que estaban ante algo más: una conexión entre el arte y el deporte, entre la pasión y la disciplina, entre el juego y la eternidad. Porque

Messi no solo rompía récords. Los reescribía con belleza.

Había algo más que velocidad, gambetas y goles en el juego de Messi. Había comprensión. Intuición. Una especie de lucidez silenciosa que lo ponía un segundo por delante del resto. Para muchos, el fútbol es fuerza y reflejos. Para Messi, era pensamiento. Lo suyo no era solo talento técnico, era inteligencia aplicada con una precisión quirúrgica. "Messi ve el fútbol en cámara lenta, mientras todos los demás lo viven en tiempo real", aseguró Jorge Valdano. Y esa diferencia temporal era, también, la diferencia entre el buen jugador y el genio.

No hay título que refleje con exactitud la capacidad mental de Messi en el campo. Las estadísticas no pueden medir una mirada rápida que detecta un hueco en la defensa, ni la decisión de dar un pase hacia donde aún no hay un compañero, pero donde estará en medio segundo. Esa lectura anticipada del juego fue, quizá, su cualidad más inimitable. "Messi no corre para parecer veloz; corre cuando hay que correr. Juega cuando hay que jugar. Y se detiene cuando nadie se atreve a detenerse", decía Xavi Hernández, que compartió con él los años más brillantes de la historia azulgrana.

Guardiola, que conocía bien la mente táctica de sus jugadores, encontró en Messi una especie de enigma invertido: cuanto más se lo observaba, más difícil era explicarlo. "No puedes entrenar a Messi. Solo puedes organizar a los demás para que lo acompañen", confesó en una entrevista. El entrenador catalán, obsesionado con la geometría del campo y la ocupación de espacios, descubrió en Messi a un jugador que no solo se adaptaba a su sistema, sino que lo trascendía. Lo entendía antes incluso de ser explicado.

En el rol de falso nueve, esa revolución táctica que sorprendió al mundo, Messi demostró que un delantero no necesita vivir en el área para ser decisivo. Podía retroceder, atraer marcas, crear superioridad en el medio, lanzar a los extremos, asistir a los que venían de atrás... y, cuando era necesario, aparecer en el lugar justo para definir. Todo eso sin perder nunca la armonía ni el sentido del juego. "Era como tener un centrocampista con alma de goleador, o un delantero con cerebro de estratega", escribió el periodista inglés Jonathan Wilson.

Messi no solo tomaba buenas decisiones: las tomaba siempre. Su porcentaje de acierto en pases clave, regates exitosos y elecciones de tiro era anormalmente alto. Y no porque fuera conservador, sino porque sabía exactamente cuándo arriesgar. La inteligencia no era solo instinto; era cálculo, visión periférica, memoria del partido. Algunos analistas llegaron a sugerir que su cerebro era comparable, en actividad y velocidad de reacción, al de un piloto de Fórmula 1. "Tiene GPS en la cabeza", resumió con humor Gerard Piqué.

Su comprensión del juego incluía también el manejo emocional del partido. Messi sabía cuándo acelerar, cuándo frenar, cuándo generar tensión en el rival con una pausa. Su silencio exterior escondía una tormenta interior de concentración absoluta. "No es que no se comunique; es que se comunica con el balón", explicaba Andrés Iniesta. En lugar de palabras, ofrecía toques, paredes, cambios de ritmo. Su idioma era el fútbol puro.

Durante los partidos, era común verlo caminar, casi ausente, mientras el balón no pasaba por sus pies. Algunos lo criticaban por eso. Decían que no presionaba, que no se involucraba. Pero Pep Guardiola siempre lo defendió: "Messi camina para mirar. Es su forma de escanear el campo. Cuando arranca, ya tiene la jugada resuelta".

Este Messi cerebral no era menos pasional. Solo que su pasión era medida, silenciosa, concentrada. No necesitaba gritar ni golpear el pecho. No necesitaba hablar con los árbitros ni provocar a los rivales. Su respuesta era el juego. Y su forma de imponerse era sutil pero devastadora: comprender el fútbol mejor que todos los demás.

En una época dominada por la sobreexposición, donde muchos confundían protagonismo con talento, Messi fue la excepción que confirmó la regla. No necesitaba explicarse porque lo decía todo con su forma de jugar. "Lo más difícil en el fútbol es tomar siempre la decisión correcta. Messi lo hace como si fuera fácil", afirmó Arsène Wenger, admirado.

Y tal vez ahí esté su mayor legado. No solo en los goles, en los títulos o en los récords, sino en la idea de que el fútbol es, ante todo, un juego de inteligencia. Que la mente también dribla, que el cerebro también marca goles. Porque Messi no solo jugaba mejor que nadie. Entendía el juego como si lo hubiera inventado.

En un mundo donde el éxito suele amplificar el ego, Lionel Messi se mantuvo inmune al virus de la vanidad. Mientras las luces lo perseguían, él prefería las sombras del vestuario. Mientras otros construían imperios de marketing, él seguía comprando alfajores cuando regresaba a Rosario. "Leo no cambió nunca, ni siquiera cuando lo llamaban el mejor del mundo", dijo alguna vez su madre, Celia. Y ese es, quizás, uno de sus mayores milagros: no haberse creído el personaje que el mundo creó para él.

A lo largo de su carrera, Messi acumuló trofeos, títulos, Balones de Oro, récords inverosímiles... pero jamás se lo vio alardeando, ni en el campo ni fuera de él. No se golpeaba el pecho, no hacía gestos ampulosos tras un gol, no buscaba la cámara. "Messi es el único jugador del planeta que puede meter tres goles y salir con la cabeza baja, como si nada", observó Jorge Sampaoli. Y tenía razón: su grandeza no necesitaba aplausos. Era silenciosa, y por eso aún más imponente.

Hay una imagen que lo define mejor que mil estadísticas: tras marcar un golazo en el Clásico ante el Real Madrid, en 2011, Messi bajó la cabeza y caminó con calma hacia el círculo central, mientras el estadio rugía. No buscó al rival, no buscó la tribuna. Solo volvió a su posición. Como si el gol hubiera sido un trámite. Como si lo extraordinario fuera rutina. "Nunca vi a alguien tan ajeno a la soberbia en un deporte lleno de egos", confesó Dani Alves.

La humildad de Messi no fue un eslogan. Fue una actitud constante. En los entrenamientos, era el primero en llegar y el último en irse. No exigía tratos especiales. Comía con todos, se vestía como todos, se esforzaba como si aún tuviera que ganarse un lugar. "No necesitaba gritar para liderar. Su ejemplo era más fuerte que cualquier arenga", dijo Carles Puyol, que fue su capitán y lo vio crecer desde la timidez adolescente hasta el respeto mundial.

Incluso cuando lo comparaban con los grandes mitos del fútbol —Pelé, Maradona, Cruyff—, Messi rehuía el debate. "No me interesa si soy el mejor. Solo quiero hacer bien mi trabajo", declaró una vez. En plena era del yo, en la que todo se mide en seguidores y titulares, esa frase parecía venir de otro tiempo. O de otro planeta.

Su relación con los rivales también estuvo marcada por el respeto. No era común verlo discutir en la cancha. No insultaba, no simulaba, no humillaba con gestos innecesarios. Su forma de responder era jugar mejor. Incluso en sus escasas salidas de tono —como aquel "¿Qué mirás, bobo?" en el Mundial de Qatar—, el mundo pareció sorprenderse más por la excepción que por la regla.

Y fuera del campo, su vida siguió el mismo tono bajo: familia, rutina, Rosario. Nada de mansiones ostentosas ni escándalos de prensa. Cuando fue padre por primera vez, declaró: "El gol más importante de mi vida fue el nacimiento de Thiago". Esa frase, que parecería un lugar común en otros labios, en los suyos sonaba sincera.

Esa humildad también se reflejaba en cómo trataba a los jóvenes. Desde sus inicios en Barcelona hasta sus últimos días en la selección, siempre fue accesible, generoso con los debutantes, dispuesto a compartir el balón y el protagonismo. "Messi nunca te hace sentir menos, aunque tú sabes que lo es todo", relató Ansu Fati, una de las jóvenes promesas a las que acompañó.

Por eso, cuando se le concedió el séptimo Balón de Oro en 2021, sus palabras no fueron de autoglorificación. Dedicó el premio a su familia, a sus compañeros, al equipo argentino. "Esto también es de ustedes", dijo. Como si pudiera compartirse una consagración tan personal.

Esa coherencia entre lo que es y cómo se muestra —ese rechazo a la pose, al personaje inflado, a la idolatría teatral— ha convertido a Messi en algo más que un ídolo: en un modelo de conducta. No un santo, no un héroe sin fallas, pero sí un hombre que nunca olvidó su origen. El niño que salía con su abuela Celia a la cancha de Grandoli, el adolescente callado de La Masía, el adulto que, con todo ganado, aún preguntaba si había entreno al día siguiente. Porque en Messi, la humildad no fue una estrategia de imagen. Fue su manera de estar en el mundo.

En una época marcada por las celebridades del balón que construyen imperios sobre su propio nombre, Lionel Messi eligió otro camino. Mientras muchos futbolistas se reinventaban como marcas personales, él siguió definiéndose con una frase que lo acompaña desde los 17 años: "Yo juego para el equipo". No era una postura ensayada ni una modestia impostada. Era, y sigue siendo, la forma en que Messi concibe el fútbol: como un arte colectivo, no como un espectáculo individual.

A Messi nunca le interesó ser el protagonista de las portadas. Su felicidad no dependía del gol propio, sino de la victoria compartida. En más de una ocasión, cuando la prensa le preguntaba por sus récords, él desviaba el foco: "Lo importante es que el equipo gane. Si yo marco y no ganamos, no sirve de nada". Y lo decía sin énfasis, con esa naturalidad que desarma cualquier intento de grandilocuencia. Era un genio sin pretensiones, un ídolo sin ego.

En el Barça de Guardiola, donde coincidió con otros talentos superlativos como Xavi,

Iniesta y Busquets, Messi no se impuso por jerarquía verbal ni por exigencias tácticas. Lo hizo con juego. Con generosidad. Con pases quirúrgicos que dejaban solos a sus compañeros. "Lo más fácil para él era encarar y marcar, pero muchas veces prefería dar la asistencia", recordaba Andrés Iniesta. Y esa preferencia no era ocasional: Messi terminó muchas temporadas como máximo asistente de LaLiga, la Champions y la Copa del Rey. El gol era suyo, pero no le pertenecía.

En 2012, cuando rompió el récord de Gerd Müller con 91 goles en un solo año natural, el mundo del fútbol se rindió a sus pies. Pero él, en lugar de celebrar con estruendo, dedicó la hazaña "a mis compañeros, sin los que nada de esto sería posible". Fue un récord personal, sí, pero también una declaración colectiva. Messi no necesitaba levantar la voz para recordarnos que estaba hecho de otra madera.

Su juego siempre fue generoso. No solo en los pases, sino en las decisiones. Rara vez se le vio forzar una jugada para brillar. Si había uno mejor posicionado, pasaba el balón. Si debía arrastrar marcas para que otro definiera, lo hacía. Su inteligencia táctica estaba al servicio del grupo, no del lucimiento personal. "Messi es un jugador de equipo con el talento de un solista", escribió el periodista inglés Sid Lowe.

Incluso en los momentos difíciles, cuando el equipo no lo acompañaba, Messi jamás culpó a sus compañeros. En la selección argentina, cuando las derrotas dolían más que en ningún otro lado, nunca señaló a nadie. Ni tras las finales perdidas, ni tras los penales fallados. Se callaba, sufría, y al poco tiempo volvía. "El fútbol es un juego colectivo, y las responsabilidades también lo son", dijo tras la Copa América 2016, antes de anunciar su fugaz renuncia.

Este sentido profundo de pertenencia al equipo se notaba también en los pequeños gestos: alentar al suplente, levantar al compañero caído, consolar al rival derrotado. Cuando marcó su gol número 644 con el Barcelona —superando el récord de Pelé con un solo club—, no lo celebró con euforia. Regaló botellas de cerveza personalizadas a todos los porteros a los que había marcado, reconociendo que cada gol fue también mérito de una competencia.

"Leo nunca habla de sí mismo en singular. Siempre dice 'nosotros'", señaló una vez Sergio Busquets. Y esa palabra, "nosotros", fue la que lo definió incluso en lo más alto. No había rastro de soberbia en su manera de liderar. No exigía. No ordenaba. Jugaba, y con eso bastaba. "El mejor líder es el que no necesita recordarte que lo es", decía Guardiola.

En tiempos donde el yo predomina, Messi encarnó el nosotros. Su talento era único, pero su ética era coral. Y esa forma de estar en el campo, de ponerse al servicio del grupo, de entender que la gloria compartida sabe mejor que la conquista solitaria, lo convirtió en algo más que un futbolista: lo convirtió en un ejemplo.

Porque Messi no solo jugaba con los pies. Jugaba con el corazón… y lo hacía por todos.

8. El rival eterno y la narrativa mundial

Pocas veces en la historia del deporte dos genios coincidieron durante tanto tiempo en la misma era, compartiendo escenario, protagonismo y debate global. Messi y Cristiano. Cristiano y Messi. Una dualidad que dividió al mundo futbolero como un eclipse que nunca se disipa del todo. No fue solo una rivalidad deportiva: fue una narrativa universal. Como Lennon y McCartney, como Picasso y Matisse, como Borges y Cortázar. Cada uno, con su estilo inconfundible, iluminó la figura del otro.

Cristiano Ronaldo es potencia, músculo, voluntad llevada al extremo. Messi es fluidez, instinto, arte sin esfuerzo aparente. El primero se construyó a sí mismo como una máquina perfecta; el segundo parecía haber nacido con un don insondable. "Cristiano es producto del entrenamiento total. Messi es el elegido por los dioses", escribió el periodista Santiago Segurola. Y, sin embargo, ambos llegaron a la cima. Una cima que compartieron, durante más de una década, como si el mundo no pudiera decidirse por uno solo.

En los años más intensos del Clásico español —entre 2009 y 2018—, Messi en el Barça y Cristiano en el Real Madrid se enfrentaron decenas de veces. Cada duelo era una guerra fría: no se hablaban, no se provocaban, pero sabían que el otro estaba allí. "Yo no compito contra Messi. Compito contra mí mismo", decía Cristiano. "No me obsesiona lo que haga él. Lo mío es ayudar al equipo", respondía Messi. El respeto era mutuo, aunque la prensa y las redes se empeñaran en encender la hoguera de la comparación.

Los números, en su frialdad precisa, también fueron parte del relato: goles, títulos, Balones de Oro, récords de Champions, estadísticas al detalle. Y, sin embargo, lo que más fascinaba no era quién ganaba más, sino cómo lo hacían. Cristiano marcaba y celebraba con los brazos abiertos, dueño del escenario. Messi lo hacía bajando la cabeza, como si quisiera desviar la atención. "Cristiano quiere que lo vean. Messi quiere que lo dejen en paz", escribió Jorge Valdano, sintetizando el alma de ambos.

En 2017, cuando Cristiano ganó su quinto Balón de Oro e igualó a Messi, muchos pensaron que la historia estaba empatada. Pero la verdadera diferencia nunca estuvo solo en los trofeos, sino en la mirada del público. Messi era amado, Cristiano admirado. Uno despertaba ternura, el otro imponía respeto. Uno era el chico tímido de Rosario que hablaba con la pelota; el otro, el gladiador portugués que nunca se rendía.

El propio Cristiano reconoció en más de una ocasión el peso de esa rivalidad. "Gracias a Messi, soy mejor jugador. Sin él, quizá no me habría exigido tanto". Messi, fiel a su estilo, habló menos, pero dejó entrever lo mismo: "Siempre es lindo competir con los mejores. Nos empujamos a dar más".

Esa tensión creativa entre ambos fue el regalo que el fútbol no sabía que necesitaba. Por más de una década, los aficionados vivieron en un eterno debate: ¿quién es mejor? Y esa pregunta, sin respuesta definitiva, alimentó una era dorada. Un tiempo en el que el talento se multiplicaba por dos, en el que cada gol tenía eco, en el que cada partido era historia.

Y cuando Cristiano dejó el Real Madrid, y luego Messi se fue del Barcelona, algo cambió. La rivalidad se volvió memoria. Ya no eran enemigos simbólicos, sino leyendas paralelas. El antagonismo se volvió respeto explícito. "Messi hizo historia, como yo. Hemos dejado una huella imborrable", dijo Cristiano en 2020. Y Messi, tiempo después, confesó: "Fue lindo tenerlo como rival. Nos hicimos mejores".

Dos caminos distintos, dos maneras de alcanzar lo imposible. Cristiano, el superhombre que convirtió el sacrificio en grandeza. Messi, el niño prodigio que jugaba como si no supiera que estaba haciendo historia. El uno sin el otro, tal vez habrían brillado igual. Pero juntos, construyeron una de las rivalidades más bellas del deporte. Porque, en el fondo, no se trataba de elegir entre ellos, sino de celebrar el milagro de haberlos visto jugar.

Durante años, la gala del Balón de Oro no fue simplemente una ceremonia: fue un campo de batalla simbólico. Cada edición se esperaba como si fuese el desenlace de una novela interminable, un veredicto anual que alimentaba el debate eterno: ¿Messi o Cristiano? ¿Talento puro o esfuerzo titánico? ¿Arte o ambición?

Entre 2008 y 2021, Lionel Messi ganó siete Balones de Oro, una cifra que lo convirtió en el jugador más laureado de la historia en ese galardón individual. Cristiano Ronaldo lo siguió de cerca, con cinco estatuillas doradas. Juntos dominaron catorce años seguidos la cima del fútbol mundial, como si no hubiera nadie más. "Fue una dictadura de talento entre dos", escribió la revista *France Football*.

Pero el Balón de Oro no solo premiaba al mejor: alimentaba una narrativa, una mitología. Cada año se desataba la tormenta. ¿Era justo? ¿Contaban más los títulos colectivos o los goles individuales? ¿La regularidad o el impacto emocional? Y ahí, como siempre, Messi respondía desde el silencio. "Prefiero ganar títulos con el equipo que premios individuales", repetía una y otra vez, como si no le pesara en lo más mínimo la estatuilla brillante que tenía en casa.

En cambio, Cristiano lo vivía con otra intensidad. "Trabajo para ser el mejor", decía sin rodeos. Su ambición era parte de su identidad. Messi, en cambio, parecía aceptar los premios con una mezcla de timidez y distancia. "No compito con nadie. Solo trato de superarme cada día", dijo en una entrevista de 2015. Uno levantaba el Balón de Oro con el pecho inflado; el otro, con la cabeza baja y una sonrisa contenida.

En 2010, se produjo uno de los momentos más polémicos en la historia del premio. Tras el Mundial de Sudáfrica, muchos esperaban que Xavi o Iniesta —pilares del Barça y campeones del mundo con España— fueran reconocidos. Pero el galardón volvió a Messi. Fue una decisión que incluso a él le incomodó. "Lo merecían ellos también", declaró sin arrogancia, sin intentar justificar lo injustificable. Era una muestra más de que el premio nunca había sido su meta.

En 2019, tras una ausencia de cuatro años en el trono, Messi ganó su sexto Balón de Oro. En su discurso, miró al auditorio y dijo con emoción: "Soy consciente de la edad que tengo. Disfruto más que nunca del fútbol porque sé que el retiro está cerca". Era un Messi más humano que nunca, que ya no hablaba solo con los pies.

Y en 2021, luego de conquistar la ansiada Copa América con Argentina, llegó el séptimo. Fue un premio que significó mucho más que un número. Era el reconocimiento a la resiliencia, a la paciencia, a la redención. En esa gala, Messi volvió a hablar poco y sentir mucho. Dedicó el trofeo "a mis compañeros de la selección, porque sin ellos no lo habría logrado". Y al final, como siempre, agradeció a su familia. Nunca habló de sí mismo como héroe.

Las comparaciones, sin embargo, no se detuvieron ahí. Con cada Balón de Oro, surgían las estadísticas, las tablas, los gráficos. ¿Quién había sido más determinante? ¿Quién había ganado más títulos? ¿Quién había marcado más goles? Pero la verdad es que los números no alcanzan para explicar lo que Messi genera. Porque su juego es intangible. "Hay jugadores que cuentan con los dedos sus goles. A Messi hay que contarlo con el alma", escribió Hernán Casciari.

Y quizás por eso, el Balón de Oro, aun siendo el mayor premio individual del fútbol, siempre pareció quedarle chico a Messi. Como si el verdadero reconocimiento estuviera en el asombro silencioso del espectador, en el niño que lo imita en un potrero, en el rival que lo aplaude tras recibir un gol. "Messi no busca ser el mejor del mundo. Solo busca jugar bien", dijo una vez Pep Guardiola. Y en eso, reside toda su grandeza. Porque al final, el Balón de Oro se entrega una vez al año. Pero el respeto, la admiración y la leyenda de Messi se renuevan cada vez que toca la pelota.

Pocos personajes públicos han sido tan admirados y, al mismo tiempo, tan difíciles de comprender para los medios de comunicación como Lionel Messi. Durante años, periodistas, cronistas y comentaristas lo vieron brillar en los estadios, marcar goles inverosímiles, pulverizar récords... pero nunca lograron explicar del todo quién era ese muchacho callado que hablaba con la pelota y se escurría entre los titulares como un misterio sin resolver.

"No tengo palabras para describirlo", confesó en 2012 un narrador argentino tras uno de sus goles memorables. Y no era una exageración. Messi desbordaba el lenguaje. Su fútbol era tan natural que descolocaba incluso a los expertos. "Juega como si lo hiciera en un videojuego, pero en la vida real", dijo alguna vez el periodista inglés Henry Winter. Era como intentar ponerle adjetivos al viento.

La prensa lo elevaba, lo celebraba, lo convertía en portada. Y aun así, había algo que no lograban capturar: su interior. ¿Qué pensaba Messi? ¿Qué sentía? ¿Qué lo enojaba? ¿Qué lo motivaba? A diferencia de otras estrellas que buscaban el foco, él parecía huir de él. "Messi es el mayor genio mediático de nuestra era sin decir una sola palabra", ironizó *L'Équipe* en una nota de portada. No necesitaba discursos: con un control, un pase o una finta, decía más que una rueda de prensa entera.

Los medios buscaban relatos, gestos, escándalos, frases polémicas. Pero Messi ofrecía otra cosa: silencio, constancia y un juego que no pedía traducción. "Es tan bueno que nos deja sin oficio", bromeó un cronista del diario *Clarín*. No había conflicto, ni exabruptos, ni titulares jugosos. Solo fútbol.

Eso no impidió que, en algunos momentos, la prensa lo cuestionara. Especialmente en Argentina, donde el mito de Maradona proyectaba una sombra inmensa. "Messi no canta el himno", "Messi no siente la camiseta", "Messi no tiene sangre", repetían algunos periodistas, como si buscaran fabricar un antagonista en vez de comprender a un distinto. "No gritaba, no arengaba, no rompía vestuarios: eso confundía a muchos que esperaban un caudillo de manual", escribió el columnista Ariel Scher.

Pero el tiempo fue despejando las dudas. Con el paso de los años, incluso los más escépticos comprendieron que Messi no necesitaba hablar para liderar. Su forma de mandar era otra: dar el ejemplo, hacer lo imposible, sostener al equipo en silencio. "No será Maradona en el tono, pero es igual de argentino en el alma", reconoció el periodista Matías Martin tras la Copa América de 2021.

En el extranjero, la admiración era menos exigente. En España, Inglaterra, Francia o Alemania, Messi era visto como un regalo. *The Guardian* lo llamó "el Mozart del fútbol", y *La Gazzetta dello Sport* lo definió como "un artista que pinta con los pies". Pero aun allí, el personaje seguía sin revelarse del todo. ¿Qué leía? ¿Qué escuchaba? ¿Por qué no hablaba más? ¿Quién era Messi cuando no jugaba?

Incluso en las entrevistas más íntimas, las respuestas de Lionel eran medidas, escuetas. A veces parecía que prefería que lo olvidaran fuera del campo, con tal de que lo dejaran seguir jugando. "No me gusta hablar mucho. Me gusta jugar", dijo una vez con una sonrisa desarmante. Y con eso bastaba.

La prensa, al final, aprendió a convivir con el enigma. A admirar sin entender del todo. A resignarse a que Messi no era un personaje mediático, sino una anomalía. Un genio que no necesitaba construir un relato, porque ya lo estaba escribiendo con cada jugada. Y quizá por eso, como escribió el cronista Juan Villoro, "Messi es el único jugador al que no se le puede hacer justicia con palabras. Hay que verlo. Solo así se entiende".

En la historia del deporte, hay gestos que no se ven en las estadísticas, pero que definen el carácter de un jugador. Lionel Messi, el genio discreto, dejó muchas veces la comodidad del descanso o el consejo del médico para ponerse la camiseta, aun sabiendo que su cuerpo no estaba al cien por ciento. "A veces no me dolía tanto el músculo como el alma por no poder estar", dijo una vez, cuando le preguntaron por qué arriesgaba tanto. Y esa frase condensa una verdad profunda: para él, el equipo estaba por encima de todo.

Uno de los ejemplos más recordados ocurrió en la final de la Copa del Rey de 2009, ante el Athletic de Bilbao. Semanas antes, arrastraba molestias musculares que lo habían tenido entre algodones. Pero jugó. Y no solo eso: marcó un gol y dio una asistencia. El Barcelona ganó 4-1 y cerró una temporada mágica. "Messi es el tipo de jugador que te dice que está bien aunque cojee", reveló Pep Guardiola años después. "Lo hacía por nosotros, por el grupo. Nunca por él".

Otro caso emblemático se vivió en la final del Mundial de Clubes de 2009, frente a Estudiantes de La Plata. Messi tenía molestias en el tobillo, producto de una entrada dura en el partido anterior. Algunos le sugirieron que se reservase. Pero entró al campo con un vendaje especial... y terminó marcando el gol del título con el pecho, en la prórroga. "Solo Messi puede hacer algo así, y lesionado", dijo Xavi, aún incrédulo tras el pitido final.

Durante la temporada 2012-2013, quizás la más impresionante a nivel estadístico —con 91 goles en el año natural—, Messi jugó buena parte de los partidos con molestias musculares recurrentes. El propio Tito Vilanova reconoció en una rueda de prensa que había partidos en los que Messi tenía "un límite físico", pero que no quería descansar. "Se enfadaba si lo sacábamos. Decía que podía aportar aunque fuera cojeando", recordó el entrenador, conmovido.

En 2014, en el Mundial de Brasil, Messi arrastraba una sobrecarga en los aductores. Y aun así, fue el alma del equipo argentino que llegó a la final. Marcó cuatro goles en los primeros partidos, fue elegido mejor jugador del torneo y jugó los 120 minutos ante Alemania. "Estaba agotado, dolorido, pero no se rendía. No quería que lo cambiaran. Quería ganar por su país", dijo el médico del equipo, Daniel Martínez.

En 2019, en una semifinal de Copa América ante Brasil, jugó con molestias en los isquiotibiales. Lo notaron sus compañeros, lo notó la hinchada. Pero nadie oyó una queja.

Jugó todo el partido, lideró, peleó cada balón. "No sé cómo hace. Lo ves sufrir, pero sigue. Eso también es liderazgo", afirmó Nicolás Otamendi tras el encuentro.

Quizás uno de los episodios más reveladores fue la semifinal de Champions League de 2010 contra el Inter de Mourinho. Messi no estaba al cien por ciento. Se lo notaba. Pero jugó los 90 minutos y fue el que más lo intentó, pese al férreo marcaje de Cambiasso, Zanetti y compañía. "Le dimos hasta con el alma, pero seguía pidiendo la pelota", confesó Javier Zanetti años después.

Lo que diferencia a Messi no es solo su talento inigualable, sino su capacidad de sacrificio silencioso. No hacía aspavientos, no pedía reconocimiento. Simplemente, jugaba. "No lo hacía por ego, lo hacía por amor al juego", escribió Jorge Valdano. Y ese amor se tradujo, muchas veces, en poner el cuerpo aun cuando este pedía descanso.

Messi nunca fue de dar discursos motivacionales en el vestuario. Su forma de liderar era distinta: estar. Incluso herido. Incluso agotado. Estar. Porque para él, el fútbol no era una exhibición individual, sino una forma de lealtad. Y en cada uno de esos partidos donde jugó lesionado, demostró que su compromiso con el equipo era más fuerte que cualquier dolor físico.

En un universo deportivo dominado por figuras que brillan tanto dentro como fuera del campo, Lionel Messi representa un caso atípico, casi una anomalía. Su talento lo convirtió en una superestrella global, pero él jamás pareció cómodo en ese papel. Mientras otros cultivaban su imagen como si fuera parte esencial de su legado, Messi se replegaba, esquivaba los flashes, rehuía las entrevistas. "Messi es la anticelebridad más célebre del mundo", escribió alguna vez el periodista español Ramón Besa, y la frase quedó como un epitafio anticipado.

A diferencia de tantos ídolos deportivos que se transforman en marcas vivientes, Messi nunca pareció interesado en ser otra cosa que un jugador de fútbol. No hubo tatuajes extravagantes, ni declaraciones provocadoras, ni campañas con perfume de escándalo. "Yo soy como soy. No me gusta hablar demasiado. Prefiero demostrar en la cancha", dijo en una de sus escasas entrevistas con tono íntimo. Y eso fue exactamente lo que hizo durante toda su carrera: hablar con la pelota, y guardar silencio fuera de ella.

Su forma de ser desconcertó a muchos. En los albores de su fama, cuando comenza-

ban a llegar los premios, los contratos millonarios y los titulares, había quienes esperaban
una transformación: el ascenso de la estrella
mediática. Pero eso nunca ocurrió. Incluso
sus redes sociales, manejadas durante años
con absoluta sobriedad, mostraban más a un
padre de familia que a una celebridad inter-
nacional. "Sube fotos de sus hijos, de su pe-
rro, de su mujer. Y ya está. No hay pose, no
hay narrativa", observó un editor de *France
Football*, entre fascinado y frustrado.

Messi parecía vivir en una esfera paralela al universo del marketing. No porque lo
rechazara del todo —fue imagen de grandes
marcas como Adidas, Pepsi o Gatorade—,
sino porque no lo necesitaba como combustible identitario. Mientras otros jugadores mol-
deaban cuidadosamente su imagen pública,
Messi dejaba que lo definieran sus jugadas
imposibles, sus asistencias de otro mundo, su
silencio ensordecedor. "No busca gustar. No
busca nada. Y por eso gusta tanto", escribió el
filósofo Darío Sztajnszrajber, en una columna
en la que lo llamaba "el ídolo no deseado que
el mundo necesita".

Incluso en los momentos de mayor exposición —la gala del Balón de Oro, los anun-
cios oficiales con el FC Barcelona, las ruedas
de prensa de la selección— su actitud era casi

la de un niño tímido, incómodo bajo el foco. "Nunca vi a alguien tan grande sentirse tan chico frente a un micrófono", confesó Martín Souto, periodista deportivo argentino que lo entrevistó en varias ocasiones. Era como si, al salir del césped, Messi regresara a la reserva de aquel niño silencioso de Rosario.

Esa contradicción —ser el rostro del fútbol mundial y al mismo tiempo escapar del personaje— lo hizo aún más magnético. Porque en un tiempo saturado de discursos, egos inflados y vanidades globales, Messi ofrecía otra cosa: autenticidad. No una autenticidad construida, sino una autenticidad involuntaria. No quería parecer humilde; lo era. No buscaba ser querido; solo quería jugar. Y en ese gesto austero residía parte de su grandeza.

A lo largo de su carrera, fueron cientos los que intentaron "descifrar" a Messi. Psicólogos deportivos, biógrafos, periodistas, filósofos. Pero el propio Messi lo resumió todo con una frase sencilla, tan suya: "Solo quiero hacer lo que me gusta: jugar a la pelota". Y quizá ahí está el secreto. No necesita ser un mito: lo es. No necesita dar discursos: sus goles los dan por él. No necesita construir un personaje: porque, en realidad, nunca dejó de ser él mismo.

En tiempos de estrellas que brillan más en Instagram que en el campo, Messi es el recuerdo de que todavía existe la pureza. El niño que se hizo leyenda sin decirlo en voz alta. El ídolo que no buscó la fama, pero que la fama persiguió. La anticelebridad más célebre del planeta.

9. Argentina, la herida que más dolía

Pocas paradojas tan dolorosas como esta: Lionel Messi, uno de los futbolistas más admirados del planeta, fue durante años blanco de críticas feroces… en su propio país. Mientras el mundo lo veneraba como un genio sin igual, en Argentina muchos lo miraban con recelo, desconfianza o decepción. "Messi no siente la camiseta", se escuchaba en radios, se leía en titulares, se murmuraba en cafés. Como si el silencio de Lionel hubiera sido interpretado como frialdad, y su humildad como lejanía.

Durante una década —entre 2006 y 2016— Messi fue para la selección argentina una especie de figura incómoda. Todos sabían que era el mejor. Todos querían que lo fuera con la camiseta celeste y blanca. Pero si el equipo perdía, el culpable era él. Si ganaba, el mérito se diluía. "Le exigían que fuera Maradona, pero sin su locura, sin su boca, sin su épica. Y no entendían que Messi era otra cosa", dijo alguna vez Juan Sasturain, con amargura.

El problema no era el fútbol, era el mito. En un país donde Maradona es más que un ídolo —es casi una religión—, Messi fue medido con una vara imposible. No hablaba como Diego. No se enojaba como Diego. No gesticulaba, no se peleaba, no lloraba en las cámaras. Era más europeo que argentino, decían algunos. Como si la formación en Barcelona le hubiese lavado el alma. "En España lo cuidan. Acá lo crucifican", escribió Jorge Valdano en 2012, cuando ya las críticas eran rutina.

Las comparaciones dolían. "No canta el himno", señalaban, como si la emoción se midiera por decibelios. Messi lo explicó con sencillez: "No necesito cantar para sentirlo. Me emociono por dentro". Pero para muchos eso no bastaba. Querían al guerrero desaforado, al líder carismático, al jugador que pateara la pelota y también el micrófono. Messi, en cambio, era silencio. Era mirada baja. Era presión contenida.

La final del Mundial de 2014 en Brasil marcó un punto de inflexión. Jugó como nunca. Arrastró al equipo hasta el último partido, con goles decisivos ante Irán, Nigeria y Bosnia. Fue elegido el mejor jugador del torneo.

Pero Argentina perdió en la final. Y otra vez, las críticas llovieron. "No apareció", dijeron algunos, como si correr noventa minutos con el alma en la boca fuera poca cosa. "Messi nos debe un Mundial", llegó a titular un diario.

En la Copa América de 2015, y luego en la de 2016 —dos finales perdidas ante Chile por penales—, la herida se abrió más. Y estalló en un grito desesperado. Tras la derrota en Nueva Jersey, Messi dijo con voz quebrada: "Se terminó para mí la selección. Ya lo intenté mucho, duele no ser campeón". El país quedó en shock. Y entonces, cuando por fin amenazó con irse, muchos despertaron. Porque el amor, a veces, solo se entiende en la pérdida.

"Lo criticamos tanto que se cansó", dijo Oscar Ruggeri. "Y nos dimos cuenta de que podíamos quedarnos sin él. Ahí supimos lo que valía". En las calles comenzaron las muestras de apoyo. En las redes, el hashtag #NoTeVayasLio fue tendencia mundial. Hasta los medios más duros recularon. Y entonces, él volvió. Sin rencores, sin reproches. Volvió a vestir la camiseta con la que más había sufrido.

Es imposible entender a Messi sin ese dolor. El dolor de no sentirse querido en su propia tierra. El dolor de darlo todo y sentir que no era suficiente. Pero también el amor que

resistió, el que creció de a poco, el que finalmente lo abrazó. Porque el tiempo, como el
fútbol, es redentor. Y la Argentina que lo cri-
ticó fue, años más tarde, la misma que lloró
con él, cantó su nombre y lo consagró como
lo que siempre fue: uno de los suyos.

A Lionel Messi le pesó la camiseta. No
por falta de amor, ni de entrega, ni de identidad. Le pesó porque la cargó más que nadie,
la sostuvo en silencio durante años y, aun así,
no bastaba. Su historia con la selección argentina es, durante mucho tiempo, la historia de
un sufrimiento inexplicable. Una especie de
tragedia griega donde el héroe, por más que
luchara, era condenado a caer justo antes de
la gloria.

Tres finales consecutivas —Mundial 2014,
Copa América 2015 y Copa América Centenario 2016— lo pusieron al borde del abismo
emocional. En cada una de ellas, Messi lo dio
todo. Lideró al equipo, anotó goles decisivos,
asistió, defendió. En Brasil 2014, Argentina
llegó a la final del mundo después de 24 años.
En la semifinal contra Holanda, Messi fue el
capitán silencioso, el que pidió patear primero en la tanda de penales. "Era una locura de
presión. Pero Leo no dudó. Dijo 'yo pateo el
primero', y eso nos dio fuerza a todos", recordó Javier Mascherano.

Pero en la final contra Alemania, el destino fue cruel. Higuaín falló una ocasión clarísima. Palacio otra. Y en el alargue, Mario Götze sentenció el 1-0. Messi caminó solo al recibir el Balón de Oro. No sonrió. No levantó la mirada. "Hubiera preferido ganar el Mundial antes que ese premio", dijo con amargura. Era la cara de un capitán desbordado por la tristeza.

En 2015, en Chile, la historia se repitió. Argentina fue superior en muchos tramos del torneo, pero la final fue tensa, cerrada, sin goles. Llegaron los penales. Messi convirtió el suyo. Pero Higuaín y Banega fallaron. Chile, local y motivado, se coronó campeón. Y Messi volvió a mirar al suelo. "Nos duele a todos. Pero a él más que a nadie", confesó entonces el Tata Martino.

La Copa América Centenario, en 2016, fue la más cruel. Argentina dominó el torneo con una versión sublime de Messi, que marcó un gol de antología contra Estados Unidos. Pero en la final, otra vez Chile. Otro 0-0. Otra tanda de penales. Y esta vez, Messi falló. Su disparo se fue alto, por encima del travesaño. Se tomó la cabeza, cerró los ojos, y supo que la pesadilla seguía.

Esa noche lloró. Lloró como nunca. Sentado en el banco, con el rostro hundido, rodeado de un silencio atronador. "Se terminó para mí la selección", dijo entre lágrimas. "Ya lo intenté mucho". Era el grito desgarrado de quien lo había dado todo y se sentía vacío.

La camiseta de la selección argentina se convirtió, durante años, en una cruz. Pesaba más que los títulos en Barcelona. Más que los récords. Más que los Balones de Oro. Porque no era solo fútbol: era identidad, patria, infancia, deuda moral. Y Messi, que no hablaba demasiado, que no gesticulaba como Maradona, llevaba sobre sus hombros toda una expectativa nacional.

Muchos dijeron que le faltaba liderazgo. Que no tenía sangre. Que no servía para los momentos decisivos. Pero los que lo veían de cerca sabían otra cosa. "Messi no es de gritar, pero es el primero en llegar, el que más corre, el que nunca deja de intentarlo", dijo Ángel Di María. Y Mascherano agregó: "Él sufría en silencio. Se cargaba toda la presión del país sin decir una palabra".

Las finales perdidas fueron heridas abiertas. Dolieron en el corazón del hincha. Pero en Messi dejaron algo más: cicatrices internas, dudas existenciales, una sensación de injusticia que solo el tiempo, y una futura victoria, podrían redimir.

La noche del 26 de junio de 2016 quedó grabada en la historia del fútbol argentino no por un título, sino por una renuncia. Messi, el más grande, el que había tocado el cielo con el Barcelona, decidió alejarse de la selección tras perder su cuarta final vistiendo la celeste y blanca. Fue en el estadio MetLife de Nueva Jersey, tras fallar su penal en la definición frente a Chile. La imagen fue devastadora: Lionel sentado solo en el banco, con la mirada perdida, los ojos rojos y la cabeza gacha. Lloraba como un niño. El fútbol entero se estremeció.

"Se terminó para mí la selección", dijo ante los micrófonos, con la voz rota. "Lo intenté muchas veces, duele no ser campeón". Y esas palabras, tan sencillas, fueron como una puñalada para millones de argentinos. Nadie lo había visto así. Nadie lo imaginaba renunciando. Pero el dolor acumulado durante años había estallado. Ya no era solo una derrota deportiva: era una fractura emocional.

En esa renuncia había mucho más que frustración. Había cansancio, impotencia y un grito de auxilio. Messi no se alejaba del equipo por capricho. Lo hacía porque sentía que su presencia ya no alcanzaba. Que su esfuerzo no era suficiente. Que, quizás, era mejor dar un paso al costado. "Sufrí mucho con la selección, son muchos los partidos importantes que no pudimos ganar", explicó días después. El chico que no hablaba se desbordó.

Las reacciones fueron inmediatas. En Buenos Aires, Rosario, Córdoba y muchas otras ciudades, los hinchas salieron espontáneamente a las calles con pancartas que decían "No te vayas, Lio". En redes sociales, el hashtag #NoTeVayasLeo se volvió viral en cuestión de horas. Figuras públicas, políticos, artistas, exjugadores, todos se sumaron al clamor. Diego Maradona lo llamó por teléfono. "Messi no puede irse. Tiene que seguir. Hay que bancarlo", declaró en la televisión.

Esa movilización popular no tenía precedentes. Era como si, de pronto, un país entero se diera cuenta de cuánto lo amaba. Porque la renuncia sacó a la luz un sentimiento contenido. Y también un mea culpa colectivo. Durante años, muchos habían juzgado a Messi con dureza. Ahora entendían que le habían pedido demasiado, que habían confundido su timidez con frialdad, su silencio con apatía.

Su familia también lo contuvo. Antonela, su compañera de vida, le pidió calma. Jorge, su padre, le habló como lo hace un padre que conoce el alma de su hijo. Y sus compañeros fueron claros: "Sin vos, esto no tiene sentido", le dijo Mascherano. En el fondo, Messi lo sabía. La selección era parte de él. Alejarse dolía más que perder.

Dos meses después, en agosto de 2016, la AFA hizo oficial lo que ya se rumoreaba: Lionel Messi regresaba a la selección. "Amo demasiado a mi país y a esta camiseta", explicó en un comunicado. "No quiero dejarles tirados. Hay muchas cosas que mejorar, pero prefiero ayudar desde dentro".

El regreso no fue triunfal en lo deportivo. Argentina aún sufría en eliminatorias, la crisis institucional del fútbol nacional era profunda y el futuro era incierto. Pero el gesto de volver, de perdonar al país que tantas veces lo castigó, lo consagró como un líder distinto. No necesitaba gritar para ser capitán. Volvía porque sentía que debía hacerlo. Porque el amor por la camiseta, como el amor verdadero, no se rompe del todo.

Esa renuncia fue, paradójicamente, el punto de inflexión. El momento en que el país comenzó a entender que no se puede exigir eternamente sin ofrecer ternura. Que Messi, con su llanto, mostró más compromiso que muchos discursos. Y que regresar, aun herido, fue el acto más argentino de todos.

Lionel Messi no es un caudillo clásico. No arenga a los gritos ni levanta el puño al viento. No impone su voz, ni pretende dirigir desde la palabra. Su liderazgo no responde a los estereotipos del capitán heroico que estremece vestuarios con discursos inflamados. Messi conduce desde el ejemplo. Es un capitán de gestos mínimos y compromiso absoluto. Un jefe silencioso.

"Habla poco, pero cuando lo hace, lo escuchamos todos", decía Ángel Di María. Y añadía: "Lo suyo es jugar, pero también sentir. Lo sentís al lado, sabés que va con vos a la guerra". Esa forma discreta de guiar le valió muchas críticas al principio. En un país acostumbrado a líderes como Passarella, Ruggeri o Maradona, el capitán que no hablaba parecía una anomalía. Algunos periodistas repetían que "no transmite". Otros, más crueles, decían que "no tiene sangre". Pero quienes lo conocían por dentro sabían la verdad.

En el vestuario, su sola presencia marcaba la pauta. Era el primero en llegar a entrenar y el último en irse. En la cancha, corría sin protestar, jugara bien o mal. Si le pegaban, se levantaba. Si erraba, se replegaba y lo volvía a intentar. No era necesario que gritara. Su intensidad hablaba por él. "Cuando ves que Messi deja todo en el campo, vos no podés aflojar", explicaba Nicolás Otamendi. "Ese es su liderazgo: te obliga a dar el máximo, sin necesidad de decir una palabra".

En la Copa América 2021, cuando por fin la gloria llegó, muchos se sorprendieron con un video viral: en el túnel, antes de la final contra Brasil, Messi hablaba. Tenía el tono firme. La voz le temblaba un poco, pero no de miedo: de emoción. "Nos merecemos esto. No fue casualidad. Esta Copa la teníamos que ganar en este estadio, contra este rival", decía. Sus compañeros lo miraban como quien escucha a un profeta. Fue breve, sin estridencias. Y luego salió a jugar como siempre: con el alma.

Ese momento, inédito, no contradice su estilo. Lo confirma. Porque incluso cuando habla, Messi no pretende ser otro. Sus palabras no son adornadas. No busca el impacto mediático ni la frase célebre. No ensaya épicas. Solo dice lo justo. Y cuando no habla, el mundo lo escucha igual.

Su manera de liderar desafía las convenciones. Es una autoridad construida sobre la coherencia, el esfuerzo, la humildad. Nunca se vio a Messi reprochándole a un compañero en público. Nunca una declaración fuera de lugar. Nunca una burla al rival. Cuando gana, celebra con mesura. Cuando pierde, asume el dolor con dignidad. "Yo solo quiero jugar bien y ayudar al equipo", ha dicho más de una vez. Y en esa sencillez radica su grandeza.

Muchos entrenadores, desde Pep Guardiola hasta Scaloni, han remarcado su influencia silenciosa. "Leo es un capitán diferente, pero absoluto. Nadie duda de quién manda, aunque él no lo imponga", dijo el técnico argentino. Y en ese estilo casi monástico, Messi ha edificado una forma de capitanía moderna, sutil, profundamente humana.

No necesita golpes en el pecho. Le basta con ponerse la camiseta, caminar al frente y dejar que sus pies hablen por él. Porque Messi es, ante todo, un capitán del juego. Y su palabra más elocuente sigue siendo el balón.

A Lionel Messi nunca le gustaron los micrófonos. No se siente cómodo en ruedas de prensa, evita las polémicas y detesta el escándalo. "No me gusta hablar mucho. Prefiero hacerlo dentro de la cancha", confesó en más de una entrevista. Y ese principio —tan simple, tan contundente— ha regido su vida deportiva desde la infancia: el fútbol como lenguaje, no como discurso.

Durante años, ese silencio fue malinterpretado. En Argentina, donde el jugador carismático suele hablar con gestos teatrales, donde la pasión se mide en decibelios, Messi parecía frío. "No canta el himno", decían algunos. "Le falta sangre", murmuraban otros. Pero su entrega, cada vez que pisaba el césped, desmentía todas esas frases. Porque mientras otros hablaban, él dejaba el alma.

Hay un video que se repite en cada recopilación de sus momentos con la selección. Es la final del Mundial 2014. Argentina ha perdido. Messi, con el rostro desencajado, camina solo por el césped del Maracaná. No hay lágrimas visibles, pero la tristeza es tan honda que basta con mirarlo. Levanta los ojos hacia la tribuna, observa al público, al cielo, y sigue andando, cabizbajo, como quien ha dejado todo y aún así no ha podido. Esa imagen, sin una sola palabra, lo dijo todo.

En 2016, tras la final perdida ante Chile en la Copa América Centenario, repitió el gesto: se apartó del grupo y lloró solo. Luego, ante los periodistas, expresó su dolor con una frase que retumbó en millones de hogares: "Lo intenté. Lo busqué. Me duele no ser campeón". No hablaba de él: hablaba del equipo, del país, de esa búsqueda compartida.

Y cuando, por fin, llegó la consagración, Messi tampoco cambió. En el Maracaná de 2021, ya campeón, no corrió al micrófono ni hizo proclamas. Abrazó a sus compañeros, besó la medalla y caminó hacia el vestuario. Solo días después escribió en redes: "Qué hermosa locura. Esto es increíble. Gracias

Dios por darme esta felicidad". Breve, since-
ro, sin pose.

Ese es su amor por la camiseta: no necesita mostrarlo. Lo vive. Lo siente. Lo honra en
cada pase preciso, en cada carrera sin balón,
en cada esfuerzo silencioso. Messi ama sin de-
clarar. Y ese amor, precisamente por no ser
ostentoso, resulta más genuino.

"No necesito demostrar nada a nadie",
dijo una vez con serenidad. "Juego porque
amo esto, y porque quiero ganar con mi país".
Esa frase podría resumir toda su carrera. Porque Messi nunca buscó convertirse en un ídolo. Fue el país —a veces tarde, pero siempre
con fuerza— el que terminó reconociendo la
verdad: que en ese niño tímido que no hablaba, había un corazón que latía al ritmo de
la patria.

En un mundo de celebridades sobreac-
tuadas, de gestos coreografiados y emociones
prefabricadas, Messi se mantuvo fiel a sí mismo. Nunca fingió ser lo que no era. Y en ese
acto de honestidad, de fidelidad al silencio y
al balón, reside su leyenda.

10. La consagración continental

Durante más de una década, Lionel Messi lo intentó todo con la selección argentina.
Jugó tres finales de Copa América y una de

Mundial. Lloró en el Maracaná, renunció entre sollozos, volvió por amor, aguantó críticas feroces y soportó el peso imposible de ser "el heredero de Maradona". Pero siempre faltaba algo. Faltaba ese título que lo abrazara con la bandera celeste y blanca.

En julio de 2021, la historia cambió. En el mismo Maracaná donde había conocido la derrota más dolorosa siete años antes, Messi por fin pudo alzar los brazos y sonreír. Argentina venció a Brasil 1-0 y se consagró campeón de América. No fue una victoria cualquiera: fue una catarsis colectiva, una explosión contenida de emociones para un país y un jugador que habían sufrido demasiado.

"Es el título que más deseaba", dijo Messi esa noche. "Fueron muchos años de lucha, muchas finales. Sabía que Dios me lo iba a regalar". No lo gritó, no lo proclamó como revancha. Lo dijo con la voz entrecortada, como si aún no se atreviera a creerlo.

Lo que hizo especial esa Copa América no fue solo el resultado, sino el tono íntimo con el que se vivió. Por la pandemia de COVID-19, no hubo público en los estadios. Las tribunas vacías le dieron al torneo un aura de recogimiento, casi de retiro espiritual. Cada abrazo, cada gol, cada lágrima de los jugadores parecía tener más peso. Sin cámaras persiguiéndolos en cada esquina, sin el estruendo de las multitudes, el fútbol volvió a ser lo que era en la infancia: algo puro, algo de amigos.

Messi fue el líder en todo: fue goleador del torneo, máximo asistente, capitán silencioso y alma del equipo. Pero también fue el más humano. Abrazó a Di María, lloró con De Paul, buscó a Scaloni para agradecerle. No alzó la copa con arrogancia, sino con la emoción de un niño que por fin tiene en las manos aquello que soñó durante años.

"Lloramos juntos, reímos juntos. Esta Copa es también de los que no están", escribió después en sus redes, en referencia a familiares, hinchas ausentes y compañeros que habían quedado en el camino. Fue un homenaje sin grandilocuencia, una muestra más del Messi que se expresa con el alma.

La imagen final lo resume todo: Messi, sentado en el césped, con la copa entre las piernas, solo. No era una pose. Era un momento verdadero. Lo mira como si fuera un objeto sagrado. Lo acaricia. Se queda ahí, quieto, en silencio. Como si no quisiera despertar.

Aquella noche, no hubo épica construida por la prensa. Hubo algo más profundo: la sensación de justicia poética. El niño que no debía crecer, el joven que fue llamado "pecho frío", el hombre que siempre volvió, se había ganado su título. Y no uno cualquiera: el que le debía la patria.

Cuando el árbitro pitó el final en el Maracaná, Lionel Messi no corrió como loco, no saltó de euforia ni buscó la cámara. Se dejó caer al suelo, boca arriba, y se cubrió la cara con las manos. El estadio estaba vacío, pero en su interior sonaban todos los gritos contenidos de una vida. No era solo una victoria. Era un peso que se le caía de los hombros. Era, al fin, la catarsis.

El primero en abrazarlo fue Rodrigo De Paul, ese mediocampista aguerrido que se convirtió en su escolta y en uno de los pilares emocionales del equipo. "Le dije que esto era por él, que no merecía retirarse sin un título con la Selección", contaría De Paul después. Y Messi, en silencio, lloraba. Lloraba como quien se permite por fin ser vulnerable sin miedo a la crítica.

Uno a uno, sus compañeros fueron rodeándolo. No era un festejo típico. Era un acto de amor. Todos sabían lo que significaba. "Messi nos enseñó que hay que insistir, que hay que creer aunque te rompas una y otra vez", diría luego el técnico Lionel Scaloni, también emocionado. Y agregó una frase que conmovió al país: "Si la gente supiera lo que es Messi como persona, lo querría aún más de lo que lo admira como jugador".

Pero la celebración más significativa no ocurrió en la cancha, sino a miles de kilómetros. En Rosario, su ciudad natal, la familia de Leo estalló en llanto frente al televisor. Su madre, Celia, fue grabada mientras se secaba las lágrimas con una servilleta en la cocina. Su padre, Jorge, rompió el estoicismo y se fundió en un abrazo largo con uno de sus nietos. Y, del otro lado del mundo, en el teléfono de Leo, empezaron a llegar los mensajes que importaban: Antonela, sus hijos, sus hermanos. Todos llorando. Todos, por fin, aliviados.

Horas después, Messi publicó una foto con la copa. Vestía aún la camiseta transpirada. Sonreía, sí, pero de una manera serena, íntima. No había estridencias, ni fuegos artificiales. Solo él, la copa y la certeza de haber cerrado una herida. "Soñé esto tantas veces que no puedo creerlo", escribió. Y añadió: "Gracias familia, gracias Dios, gracias Argentina".

Para Messi, el fútbol nunca fue espectáculo. Fue familia. Fue raíz. Por eso, cada abrazo tras la victoria tenía un eco más profundo: el de su abuela Celia, la que lo llevaba a entrenar y que ya no estaba; el de Antonela, su amor de toda la vida; el de Thiago, Mateo y Ciro, que lo veían ahora como el superhéroe que no grita, pero que siempre gana con amor.

Ese día, Lionel Messi no se convirtió en un campeón más. Se volvió símbolo. No solo por el talento, sino porque logró algo mucho más difícil: unir a un país dividido, sanar una herida colectiva y demostrar que la ternura también puede levantar copas. Con lágrimas, con abrazos y con una humildad que conmovió al mundo entero.

Durante años, Lionel Messi vivió una paradoja dolorosa: era el más amado fuera de su país y el más cuestionado dentro. En España lo veneraban, en Europa lo consideraban un artista del balón, pero en Argentina el juicio era constante. "No canta el himno", "no siente la camiseta", "no es como Maradona" —eran frases que se repetían como mantras hirientes, ajenos a la verdad pero cargados de frustración nacional.

Sin embargo, aquella noche de julio de 2021, algo cambió para siempre. Con la Copa América en las manos, Messi dejó de ser "el mejor del mundo que no gana con la Selección" para convertirse, por fin, en el hijo legítimo del pueblo argentino. Esa noche, el país entero se rindió ante él.

Las imágenes fueron tan elocuentes como inesperadas: multitudes en el Obelisco coreando su nombre, murales espontáneos que brotaron en las paredes de barrios humildes, niños pintándose la cara con el número 10, hombres y mujeres de todas las edades llorando frente al televisor. En un país acostumbrado a las divisiones, Messi se volvió un punto de encuentro.

El periodista Matías Martín lo resumió con una frase contundente: "Argentina se reconcilió con su hijo más silencioso". Y el escritor Hernán Casciari escribió una carta que se volvió viral: "Gracias por hacerme llorar con fútbol otra vez. Por no irte nunca. Por no responder. Por hablar solo con los pies".

Los medios que alguna vez lo atacaron, ahora lo veneraban. El diario *Clarín* tituló: "Messi se sacó la espina y se la quitó a todo un país". Y *Página/12* escribió: "Esta copa es de él, pero también de nosotros, porque por fin lo entendimos".

Las redes sociales explotaron con videos de argentinos de todas partes del mundo llorando frente a sus pantallas. En Rosario, en un acto espontáneo, vecinos salieron a las calles con banderas, guitarras y fuegos artificiales. No era una fiesta deportiva: era una celebración del alma, una devolución de amor atrasada.

Messi no pidió nada. Nunca exigió reconocimiento. No gritó "me lo merezco". Solo jugó. Solo insistió. Solo creyó. Y eso fue, precisamente, lo que terminó por conquistar a su país.

Aquel Messi que fue tildado de frío, de europeo, de ajeno, ese Messi callado, tímido, que alguna vez pensó en renunciar, ahora era abrazado por todos como un héroe silencioso, como un campeón que no se impone, sino que inspira.

El país no solo lo perdonó. Le pidió perdón. Y lo adoptó de nuevo, como si nunca se hubiera ido. Porque, en el fondo, Lionel Messi nunca dejó de ser argentino. Lo era en cada pase, en cada gambeta, en cada lágrima que no mostró. Solo hacía falta una copa para que todos lo vieran.

Cuando otros habrían levantado la copa al cielo como un trofeo de ego, Messi la alzó con los pies aún en la tierra. No hubo gritos desmedidos, ni frases de revancha, ni reclamos al pasado. Solo una sonrisa serena, esa que parece decir "gracias" sin necesidad de palabras. La modestia, que siempre lo acompañó, se hizo aún más visible en la cima.

"Lo intenté muchas veces. Sabía que en algún momento se iba a dar", dijo tras la final, con la voz contenida, como si no terminara de creérselo. Y agregó: "Lo merecíamos, pero también lo necesitábamos". No usó el "yo" como bandera. Hablaba en plural. Como siempre.

En el vestuario, mientras los demás celebraban entre cánticos y risas, Messi se tomó un momento para llamar a su esposa. En un breve video que se volvió viral, se le escucha decirle: "Al fin, Antonela... al fin". No dijo "soy campeón", no dijo "lo logré", dijo simplemente "al fin". Como si el título fuera más una liberación que una conquista.

Luego, en redes sociales, escribió: "Esto es una locura hermosa... ¡Gracias Dios por todo lo que me diste!". Y cerró el mensaje con una dedicatoria clara: "Gracias a mi familia, a mis amigos, a todos los que nos apoyaron". Ninguna palabra sobre él. Todo giraba en torno a los otros.

Esa capacidad de desviar el foco, de no creerse superior, es una de las cualidades que más lo definen. "Messi es tan extraordinario que ni siquiera necesita hacerse notar para brillar", dijo el exfutbolista Juan Pablo Sorín. Y no exageraba. Incluso en la gloria, Messi fue el mismo de siempre: el que baja la cabeza para hablar, el que prefiere asistir que lucirse, el que celebra con los suyos, sin estridencias.

Mientras el mundo debatía si ya era "el mejor de todos los tiempos", él evitaba el tema con una sonrisa tímida. "No sé si soy el mejor… Solo sé que di todo lo que tenía", declaró. Y esa frase, tan sencilla, lo retrata mejor que mil estadísticas.

La verdadera grandeza de Messi no está solo en sus goles, en sus asistencias, en sus títulos. Está en su capacidad de ser humilde en la victoria, de no usar el éxito como revancha, sino como agradecimiento. Es esa cualidad la que lo separa del resto. Porque el talento puede admirarse, pero la modestia se ama.

Aquella noche en el Maracaná, Lionel Messi se convirtió en campeón de América. Pero sobre todo, se confirmó como el campeón de la gratitud. El que no olvida a los que lo acompañaron. El que, aun cuando lo aplauden millones, mira primero a su familia. El que, desde el lugar más alto, sigue siendo el más cercano.

Apenas terminó la final de la Copa América 2021, con la emoción aún temblando en el aire del Maracaná, Messi pronunció una frase que no era una consigna de victoria, sino una declaración de amor: "Esto no es solo mío". No era una pose. Era, como casi todo en él, una verdad sencilla y luminosa.

A diferencia de otros campeones que se colocan en el centro del escenario, Messi eligió diluirse en el nosotros. Compartió la gloria como quien comparte el pan: con humildad, con respeto, con la certeza de que nada se logra en soledad. "Esto es de mi familia, de mis compañeros, de toda la gente que siempre creyó en nosotros", repitió una y otra vez en las entrevistas posteriores. Sin adornos. Sin ego.

Las cámaras lo enfocaban, pero él enfocaba a los demás. Se acercó a Otamendi, lo abrazó fuerte. A Di María, el autor del gol, lo levantó del suelo con una sonrisa inmensa. A De Paul, su escudero silencioso, le dijo al oído algo que nadie más oyó. Y luego, en medio del festejo, se sentó solo por un instante, con la camiseta pegada al pecho, como si necesitara contener tanta emoción.

"Esta copa también es de Celia, mi abuela", dijo más tarde. "Ella fue la que me llevó por primera vez a jugar al fútbol, la que me cuidó siempre". No hay gesto más grande que recordar a los que ya no están en el momento más alto de la vida. Y Messi lo hizo sin buscar lágrimas ajenas. Lo hizo porque le nacía.

La frase "esto no es solo mío" se volvió rápidamente titular, mural y mensaje viral. En Rosario, pintaron su rostro junto a la leyenda en letras grandes. En los barrios humildes de Buenos Aires, la frase apareció en carteles hechos a mano. Porque la gente entendía que no hablaba solo de fútbol. Hablaba de un modo de estar en el mundo. De no creerse más que nadie. De saber que todo logro es un tejido de apoyos invisibles.

Incluso cuando le preguntaron si ahora, al fin, podía compararse con Maradona, esquivó la trampa con naturalidad: "Diego es único. Esto es otra historia. Lo importante es que Argentina volvió a ganar". Ninguna mención a su mérito individual. Ninguna provocación. Solo gratitud, de la más pura.

Al mirar a Messi en esa noche de consagración, muchos descubrieron que su mayor poder no era el talento con el balón, sino su humanidad profunda. El niño que alguna vez lloró en silencio por sentirse diferente, ahora lloraba en silencio porque sabía que había llegado. Y que, aunque todos lo miraran a él, ese logro no era solo suyo. Era de un país. De una familia. De una historia. Porque el genio puede ser de uno, pero la gloria verdadera siempre es compartida.

CUARTA PARTE:
El campeón del mundo

11. *Qatar 2022: El destino cumplido*

El Mundial de Qatar no fue solo una competencia futbolística. Fue una especie de redención colectiva, un relato escrito con épica, sufrimiento y belleza. Y en el centro de esa historia —sin buscarlo, sin imponerse— estaba Lionel Messi. No como estrella distante, sino como corazón de un grupo que entendió que el verdadero liderazgo no grita, no ordena: guía desde el ejemplo.

Muchos lo vieron venir desde la Copa América 2021. La comunión entre los jugadores era evidente, pero en Qatar alcanzó una dimensión espiritual. "Sentíamos que algo especial nos rodeaba", confesó Emiliano "Dibu" Martínez tras la final. La palabra "mística" comenzó a repetirse entre hinchas, periodistas y jugadores. Había algo más allá de la táctica, una fuerza invisible que unía.

Scaloni, el técnico sin pergaminos rutilantes pero con una visión nítida, lo expresó con humildad: "Esta Selección no es solo Messi, pero sin Messi no sería lo mismo". Había construido un equipo que lo protegía, que lo entendía, que no le exigía ser superhéroe cada minuto. Y Messi, por su parte, les devolvía ese amor con pases imposibles, goles decisivos y, sobre todo, con su presencia serena.

El liderazgo de Messi en Qatar fue diferente al de otros capitanes. No arengaba con discursos altisonantes, no buscaba cámaras en los entrenamientos. Lo suyo era mirar, abrazar, esperar el momento justo para decir algo breve y certero. Antes de la final, se le escuchó decir: "Disfrutemos, muchachos, que esto no pasa todos los días". Palabras simples que escondían una vida entera de espera.

Rodrigo De Paul, uno de sus escuderos emocionales, lo describió con claridad: "Leo es el líder silencioso. No hace falta que hable, porque con su mirada te dice todo. Sabés que está. Y con eso alcanza". Y esa certeza se volvió ancla para un equipo joven, hambriento, pero con los pies en la tierra.

La conexión entre los jugadores y Messi era palpable. Julián Álvarez corría cada pelota como si fuera la última, Di María jugaba por él y por todas las finales que no pudo completar. Hasta los suplentes festejaban como titulares. No había envidias, solo admiración sincera. "Lo queremos dar todo por Leo", confesó Enzo Fernández, con apenas 21 años y una madurez que sorprendía.

El equipo funcionaba como una familia en misión sagrada. Cada partido era una prueba, pero también una celebración. Se notaba en los abrazos, en las miradas, en los festejos espontáneos. Y en el centro, Messi. A veces calmo, a veces desbordado por la emoción, pero siempre presente.

Ese liderazgo sereno, casi invisible, fue el secreto del éxito. Porque liderar no es hablar más fuerte, sino inspirar sin necesidad de palabras. Y en Qatar, Messi lo hizo como nunca antes. No buscó la copa. La copa lo encontró preparado. Rodeado, al fin, del equipo que merecía.

A lo largo del Mundial de Qatar, Messi no solo lideró con el corazón: lideró con el juego. No se trató de una versión decorosa del ídolo en sus últimos años. Fue, para muchos, su mejor versión en una Copa del Mundo. A los 35 años, con el peso de una nación sobre los hombros, desplegó un fútbol preciso, mágico, maduro. No era el Messi de las corridas interminables, era el Messi de los gestos quirúrgicos. El que ve lo que otros no ven.

El primer gol del torneo, frente a Arabia Saudita, fue de penal, pero su festejo tuvo algo contenido. Sabía que aquello apenas comenzaba. Y tras esa sorpresiva derrota, no hubo gestos de desesperación. Messi respondió como siempre lo hizo: jugando. Contra México, en un partido tenso, trabado, con el país al borde del abismo, recibió un pase de Di María y, con esa zurda que parece conectada al alma del fútbol, la clavó junto al palo. Fue más que un gol: fue una exhalación colectiva. "Messi acaba de salvarnos del miedo", escribió un periodista argentino al instante.

Después llegó Polonia, y el penal errado. En otros tiempos, eso lo habría torturado. Pero algo había cambiado. Messi no se encogió. Jugó uno de sus mejores partidos del torneo, dando una asistencia mágica con el exterior del pie izquierdo a Julián Álvarez, que terminó en gol. Era el Messi más cerebral, el arquitecto del juego, el que mide los tiempos, arrastra marcas y entrega el pase justo como quien sirve un plato humeante en el momento perfecto.

Y llegó el partido contra Países Bajos. La jugada de su asistencia a Nahuel Molina fue, simplemente, de otro planeta. La pelota viajó por una rendija invisible, por un pasadizo secreto que solo él vio. "Hay diez jugadores en la cancha que no sabían que ese pase era posible. El undécimo se llama Messi", escribió el exfutbolista inglés Gary Lineker. Aquel fue también el partido en el que su mirada se volvió puño: cuando gritó "¿Qué mirás,

bobo? Andá pa' allá", al neerlandés Weg-
horst, mostró que también puede rugir cuando hay que hacerlo. Fue el Messi firme, sin
filtros, humano.

Contra Croacia, en semifinales, marcó un
penal y luego fabricó una jugada que quedó
en la historia: la asistencia a Julián Álvarez
tras una gambeta infinita a Joško Gvardiol,
uno de los defensores más duros del torneo.
Lo desbordó con el cuerpo, con la pausa, con
la cintura, con la experiencia. Tenía 35 años y
parecía un adolescente. "Messi no corrió más
rápido que Gvardiol. Solo lo pensó mejor",
analizó un cronista croata con resignación.

Y llegó la final. Francia. Mbappé. El partido que muchos ya llaman el más emocionan-
te de todos los tiempos. Messi marcó el primero, luego el tercero en la prórroga. En los
penales, caminó hasta el punto fatídico con el
rostro tranquilo y la mirada fija. No pestañeó.
Tocó la pelota suavemente, al otro lado del
arquero. Gol. Gesto breve. Sin sobreactua-
ción. Sabía que aún no estaba terminado.

En cada partido, su zurda fue una brújula.
Cada pase, una elección moral. Y cada mirada, una declaración silenciosa. No hacía falta
que hablara mucho. El fútbol era su lenguaje,
y en Qatar lo habló con acento perfecto.

Porque si alguna vez hubo dudas, en este Mundial quedó claro: Messi no era solo el mejor. Era el más lúcido. El que entendía que el genio no es hacer más, sino hacer lo justo, en el momento exacto, con la mirada limpia y el alma entera.

El 18 de diciembre de 2022 no fue solo una fecha más en el calendario del fútbol. Fue, para millones de argentinos —y para gran parte del mundo—, el cierre de una historia que llevaba más de una década esperando su final feliz. La final de Qatar 2022 no fue un partido: fue una montaña rusa emocional, una prueba de fe, una película escrita a mano por los dioses del deporte con Messi como protagonista central. "Nunca vi algo igual. Fue demasiado", diría él mismo al terminar.

La previa estaba cargada de una tensión densa. Francia era el campeón defensor, con una generación poderosa y un Mbappé hambriento. Argentina, en cambio, llegaba sostenida por un sueño compartido, por una mística tejida partido a partido, y por un Messi que, más que nunca, parecía en comunión con su equipo, su pueblo y su destino. El vestuario estaba en silencio antes de salir. Solo se oía el murmullo de la concentración y la respiración profunda de quienes estaban a punto de hacer historia.

El partido comenzó como un cuento soñado. Argentina dominó desde el primer minuto. A los 23, Di María provocó un penal claro, y Messi, con esa tranquilidad de los elegidos, convirtió el primero: un remate suave, ajustado, con la mirada al arquero y el alma entera en la ejecución. "No lo pensé. Solo fui y pateé", confesaría más tarde. Diez minutos después, una jugada colectiva hermosa terminó en el segundo gol, obra de Di María, el otro héroe silencioso de esta gesta.

Pero el fútbol es caprichoso. Francia estaba dormida, hasta que en apenas dos minutos, ya en el segundo tiempo, Mbappé convirtió dos goles que cambiaron todo. De la tranquilidad al vértigo, del control absoluto al temblor. La final se igualaba. La cámara mostraba a Messi con el rostro serio, los labios apretados. No gritaba. No gesticulaba. Pero sus ojos lo decían todo: había que seguir creyendo.

En la prórroga, volvió a aparecer. Tras un rebote, empujó la pelota con alma, vida y corazón. Gol. Otra vez arriba. El país entero gritó hasta romperse la garganta. Pero Mbappé, implacable, volvería a empatar. Tres a tres. Y otra vez el abismo.

Entonces, los penales. La instancia más cruel. La más desnuda. "No podés esconderte en los penales —diría el arquero Dibu Martínez—. Ahí sos vos y el momento". Messi fue el primero. Caminó con paso firme. No miró al arquero. Acomodó la pelota, respiró hondo y pateó como si estuviera en el patio de su casa. Gol. Sereno. Íntegro. Después vinieron las atajadas del Dibu, los goles de Dybala, Paredes, Montiel. Y entonces... el final.

Cuando la pelota de Gonzalo Montiel cruzó la línea, no hubo estridencia en Messi. Se arrodilló. Cerró los ojos. Y se dejó abrazar. Sus compañeros lo alzaron, lo rodearon, lo lloraron. En su rostro no había éxtasis, sino paz. El niño que soñaba en Rosario había cumplido su misión.

"Es la Copa que me faltaba. La quería más que nada", dijo después, con voz tranquila, apenas rota por la emoción. El estadio de Lusail fue testigo de algo más que un triunfo. Fue el punto final de una epopeya escrita con esfuerzo, caídas, resiliencia y talento descomunal. Messi no solo ganó un Mundial. Le dio forma, sentido y belleza al anhelo de millones.

Aquel día, el fútbol volvió a ser arte, drama y redención. Y el protagonista, ese muchacho tímido que hablaba con los pies, se convirtió en leyenda viva.

Lionel Messi nunca fue de discursos largos. Nunca levantó la voz para imponer respeto. No necesitó frases rimbombantes ni arengas teatrales. Él, como diría su excompañero Dani Alves, "habla en el idioma del balón y con la mirada dice todo lo que hace falta decir". Y en el Mundial de Qatar, esa mirada adquirió una intensidad especial, como si supiera que estaba viviendo su última gran batalla.

Desde el primer partido, sus ojos eran espejos de un liderazgo nuevo. Ya no eran los de aquel joven ansioso que bajaba la cabeza tras cada derrota con Argentina. No eran los de la frustración muda de las finales perdidas. En Qatar, Messi miraba distinto: con fuego y con serenidad al mismo tiempo. Había una madurez profunda, como si el paso del tiempo le hubiera enseñado a leer mejor cada instante del juego... y de la vida.

Cuando salía al campo, lo hacía con los ojos bien abiertos, como si fotografiara todo lo que estaba a punto de ocurrir. Antes de patear un penal, antes de dar un pase filtrado, antes de levantar la vista hacia sus compañeros, sus pupilas parecían alinearse con algo más grande: una certeza interna que ya no dependía del resultado, sino del sentido. "Yo sabía que era ahora o nunca. Y lo viví con alegría, no con presión", declaró después del torneo.

Durante los himnos, mientras algunos compañeros cantaban con emoción, él se quedaba quieto, en silencio, mirando al horizonte, como quien dialoga con algo invisible. En las charlas técnicas, escuchaba con atención, sin interrumpir, sin aspavientos. Pero bastaba una mirada suya para que sus compañeros supieran lo que tenían que hacer.

En el partido contra Países Bajos, después de la histórica asistencia a Molina y de la tanda de penales más tensa del torneo, la imagen que recorrió el mundo no fue un grito desaforado, sino una expresión contenida, desafiante, dirigida a un rival que había provocado de más. "¿Qué mirás, bobo?", dijo con una mezcla de ironía, rabia y carácter. Pero no fue solo la frase lo que marcó ese momento: fue la mirada clavada, como una lanza invisible, la que hizo historia.

En la final contra Francia, cuando el partido se tornaba dramático y el marcador iba y venía como una ola inquieta, las cámaras buscaron su rostro una y otra vez. Y allí estaba: la mirada de Messi, intensa, quieta, sin estridencias pero cargada de propósito. Después de marcar en los penales, no gritó, no corrió alocadamente. Solo miró al cielo. Como si estuviera agradeciendo en silencio.

En el momento de levantar la Copa del Mundo, vestido con la *bisht* negra que le colocó el emir de Qatar, su sonrisa fue amplia, sí, pero sus ojos decían algo más profundo: una mezcla de alivio, gratitud y plenitud. Era la mirada de un niño que había perseguido un sueño imposible y lo había alcanzado sin traicionarse nunca.

"Todo lo que viví en este Mundial fue increíble. Lo disfruté desde el primer día", dijo con voz suave tras la consagración. No necesitó decir más. Su mirada lo había dicho todo. Era el cierre de una historia, pero también la confirmación de un modo de estar en el mundo: con los pies en la tierra, el alma en la cancha y los ojos en la verdad.

Hay imágenes que no necesitan explicación, que condensan una vida entera en un instante. La foto de Lionel Messi sentado sobre la cama, con la Copa del Mundo entre las manos, rodeado de calma, medias bajas, sonrisa serena y mirada de niño satisfecho, es una de esas. No grita. No levanta los brazos. No busca la épica. Solo está ahí, abrazando el sueño de toda su vida con la humildad de quien sabe lo que costó llegar.

Minutos antes, en el césped del estadio Lusail, se había desatado el júbilo. Sus compañeros lo alzaron en andas, lo cubrieron de abrazos, lo señalaron como el gran artífice. "Es el mejor de todos los tiempos. No hay discusión", dijo Emiliano Martínez, aún con los guantes puestos. Pero Messi no se dejaba arrastrar por el alboroto. Caminaba despacio, saludaba, posaba con la copa en alto... y luego se apartaba.

Esa noche, en la intimidad del vestuario, pidió unos minutos a solas. Se sentó con la copa a su lado, como quien se sienta con un viejo amigo. No hubo estridencias. Solo un instante de paz verdadera. Tomó su teléfono y le pidió a alguien que le hiciera una foto. Una simple. Él, la Copa, y el silencio después de la tormenta.

Esa imagen, publicada en su cuenta de Instagram con el mensaje "Soñé tanto con esto... Gracias a Dios se me dio", se convirtió en la foto más likeada de la historia de la red. Superó los 75 millones de corazones. Pero lo más valioso no fue la cifra: fue la universalidad de la emoción que provocaba. Todos vieron ahí al Messi niño. Al que lloraba cuando no lo dejaban jugar por ser pequeño. Al que se inyectaba en silencio. Al que dejó Rosario con el corazón hecho un nudo. Al que cayó muchas veces y se volvió a levantar.

"Esa foto es la paz después de una guerra larga", escribió un periodista argentino. Y no exageraba. Porque en esos ojos, en esa sonrisa, ya no había rastro del dolor de las finales perdidas, del peso de la crítica, del país dividido. Había gratitud. Había plenitud sin alarde.

Detrás de esa imagen está Celia, su abuela, a quien le dedicó el título. Está Jorge, que lo llevó a entrenar desde que era un nene. Está Antonela, que lo sostuvo en los momentos más oscuros. Están sus hijos, que lo vieron convertirse en leyenda. Y está, sobre todo, ese niño tímido que nunca dejó de soñar.

Messi no lloró al levantar la Copa. No hizo falta. "Las lágrimas se me fueron en el camino. Esta vez solo quiero disfrutar", dijo con una sonrisa. La de esa noche no fue una celebración ruidosa. Fue una redención íntima, un cierre perfecto, un alivio existencial.

Porque al final, no hay gloria más profunda que aquella que se alcanza sin traicionar la esencia. Y Messi, con su Copa en la cama, rodeado de zapatillas, medias tiradas y paz interior, lo sabía. El niño ya no llora. El niño está en casa. Y en sus manos tiene el trofeo que siempre le perteneció.

12. El legado universal de Messi

Lionel Messi nunca buscó ser un símbolo. No levantó banderas, no construyó un personaje. Solo jugó. Pero en ese acto simple, repetido con pasión y disciplina durante más de dos décadas, construyó algo mucho más grande que una carrera futbolística. Construyó un ejemplo. Porque si hay una palabra que define su legado, es esta: *perseverancia.*

Cuando los médicos en Rosario le diagnosticaron el déficit de la hormona de crecimiento, el camino parecía cortarse antes de empezar. Su cuerpo no respondía como debía. Medía mucho menos que los demás niños de su edad. El tratamiento era costoso. Y el fútbol, en ese momento, parecía más un sueño ingenuo que una posibilidad real. Pero Messi no se detuvo. Como él mismo contó años después: "Nunca pensé en dejar de jugar. Era lo único que quería hacer. Siempre supe que tenía que insistir".

Su historia no es la del talento prodigioso que arrasa sin obstáculos. Es, en cambio, la del niño que entrenaba mientras otros dormían, que callaba mientras otros hablaban, que resistía mientras otros cedían. A lo largo de su carrera enfrentó críticas, lesiones, derrotas crueles y decisiones difíciles. Y en cada uno de esos momentos, eligió seguir. No por heroísmo, sino por convicción.

"No hay éxito sin sacrificio", decía su preparador físico de la Masía, Juanjo Brau, que lo vio entrenar en soledad muchas tardes después de la práctica. Y es que Messi no solo perfeccionó su talento; lo sostuvo con una voluntad inquebrantable. Cada año parecía reinventarse, ajustar su estilo, adaptarse al equipo, a los cambios, al paso del tiempo. Desde aquel adolescente eléctrico de 2006 hasta el capitán reflexivo de 2022, Messi fue mutando sin dejar de ser Messi.

El mundo lo reconoce por sus goles, sus títulos, sus regates imposibles. Pero su verdadera grandeza está en su constancia. En haber mantenido el mismo amor por el juego, en no perder el foco, en no caer en el ego ni en la complacencia. "No juego para demostrar nada. Juego porque lo disfruto", repitió en varias entrevistas. Y esa frase encierra el secreto de su longevidad.

A sus espaldas dejó récords que asombran: más de 800 goles oficiales, múltiples Balones de Oro, títulos en cuatro décadas distintas. Pero lo que más inspira no está en las cifras, sino en la actitud. En no rendirse cuando Argentina le dio la espalda. En volver después del llanto. En luchar por su país incluso cuando muchos dudaban de su compromiso. En dar siempre un paso más.

Hoy, millones de jóvenes —futbolistas o no— lo ven como un faro. No porque haya ganado todo, sino porque nunca dejó de intentarlo, incluso cuando todo parecía perdido. Su historia es una lección sobre la fe silenciosa, sobre la potencia de la humildad y sobre el valor de sostener un sueño cuando nadie más lo ve posible.

Lionel Messi se convirtió en un símbolo. Pero no por proclamarse como tal, sino por encarnar lo que más escasea en el mundo moderno: la perseverancia silenciosa, la pasión sostenida y la fidelidad a uno mismo.

En una época saturada de ídolos instantáneos, de fama ruidosa y egos inflamados, Lionel Messi representa una rara excepción: el héroe sin estridencias, el ejemplo sin proclamas. Su figura, más allá de lo futbolístico, ha sido construida sobre tres pilares sólidos y constantes: el trabajo, la familia y el respeto.

Desde sus primeros pasos en Rosario, Messi mostró una relación íntima con el esfuerzo. Su talento era evidente, pero jamás se confió en él. "No me gusta perder ni en los entrenamientos", confesó una vez, y esa frase encierra su forma de entender la vida: la excelencia no es un regalo, es una disciplina diaria. En La Masía, sus entrenadores contaban que no había que decirle dos veces lo que tenía que hacer. "Lo absorbía todo en silencio, y lo ejecutaba con precisión", recordó uno de ellos.

Su ética de trabajo se volvió casi mítica. Incluso en los momentos más altos de su carrera, cuando ya lo había ganado todo, seguía entrenando como si recién empezara. "Messi es el primero en llegar y el último en irse", afirmó Pep Guardiola. En una entrevista, Andrés Iniesta resumió: "Messi entrena igual que juega. Siempre con intensidad. Nunca se relaja". Esa fidelidad al trabajo bien hecho es, quizás, su mayor legado para las generaciones futuras.

Pero si hay un espacio donde Messi se vuelve aún más humano y entrañable, es en su relación con la familia. En la cancha puede ser un genio; fuera de ella, es simplemente Leo. El hijo que jamás se olvidó de sus raíces, el hermano que mantiene los mismos amigos de siempre, el esposo fiel a su amor de infancia y el padre presente, que juega con sus hijos como si no fuera el mejor futbolista del planeta. "La familia es todo para mí. Me da equilibrio, me devuelve a la realidad", dijo en una entrevista con Jordi Évole.

Antonela Roccuzzo, su compañera desde la adolescencia, ha sido su refugio, su ancla emocional. Juntos forman una pareja discreta, alejada del circo mediático. Sus hijos —Thiago, Mateo y Ciro— aparecen en sus redes con naturalidad, siempre en escenas cotidianas: desayunos, cumpleaños, partidos en casa. Porque para Messi, la vida se juega también fuera del césped, y ahí no hay títulos ni cámaras, solo afectos.

El respeto, finalmente, es la virtud que articula todo lo anterior. Respeto al rival, al juego, al árbitro, a sus compañeros, al público. Messi jamás se ha dejado llevar por la provocación. Nunca respondió con palabras duras ni gestos altivos. "Me gusta hablar en la cancha", repitió más de una vez. Incluso cuando lo golpeaban, cuando lo silbaban, cuando lo empujaban al límite, él seguía. Sin caer. Sin rebajarse.

Esa actitud le ha valido la admiración de colegas y rivales por igual. Luka Modri lo definió como "un ejemplo de profesionalismo y humildad". El brasileño Kaká dijo: "Con todo lo que ha ganado, sigue siendo una persona sencilla. Eso es admirable". Y Cristiano Ronaldo, su eterno competidor, reconoció en una gala: "Fuimos rivales en la cancha, pero siempre nos hemos respetado. Él me motivó a ser mejor".

Messi no predica con discursos ni se erige como modelo. Pero su vida entera es una lección silenciosa sobre lo que importa: esforzarse cada día, cuidar lo esencial y tratar a los demás con respeto. En un mundo que valora lo inmediato, él eligió la constancia. En una era de gritos, él eligió el gesto. Y en una carrera donde otros eligieron la fama, él eligió el amor por lo que hace.

Lionel Messi no pidió ser un referente. Nunca lo buscó. Pero a fuerza de constancia, humildad y magia, se convirtió en el espejo donde millones de niños sueñan verse reflejados y donde los deportistas de élite buscan inspiración.

En las canchas de barrio, en los patios escolares, en los videojuegos y hasta en los dibujos escolares, el nombre de Messi aparece como sinónimo de fútbol, de arte y de superación. Es, para los más pequeños, mucho más que un jugador: es una brújula emocional. No solo por los goles, sino por lo que transmite. Porque Messi encarna un tipo de grandeza que no se mide en centímetros, ni en gritos, ni en provocaciones. "Messi me enseñó que se puede ser el mejor sin dejar de ser buena persona", dijo un niño de diez años entrevistado durante el Mundial de Qatar 2022.

Los niños lo imitan no solo en sus movimientos, sino en su actitud. En sus celebraciones comedidas. En su respeto por el juego. "Es el jugador al que todos los chicos quieren parecerse. Porque no solo juega bien: también se comporta bien", explicó Jorge Valdano, analista y exfutbolista. En un mundo donde la fama suele desbordar a los ídolos, Messi ha sabido conservar algo esencial: la cercanía, la autenticidad, el aire de barrio.

Su figura ha calado también entre deportistas consagrados de distintas disciplinas. Rafael Nadal, leyenda del tenis, lo definió como "el mejor de todos los tiempos, y además una persona ejemplar". Usain Bolt, el velocista más rápido de la historia, declaró: "Si hubiera sido futbolista, me habría encantado tener el estilo de Messi: humilde, elegante, letal".

Incluso estrellas de la NBA, como LeBron James, lo han elogiado públicamente. "Hay una clase de grandeza silenciosa que impone más que mil discursos. Messi lo demuestra cada vez que toca la pelota", expresó el basquetbolista estadounidense. En el universo de la alta competencia, donde el ego suele reinar, Messi es el recordatorio de que el respeto, el trabajo y la pasión siguen siendo los mejores entrenadores del éxito.

No es extraño ver lágrimas en los ojos de niños que lo conocen, o escuchar el temblor en la voz de adultos que se emocionan al hablar de él. Porque Messi es, para muchos, el héroe improbable: pequeño, tímido, sin discursos espectaculares, pero con una capacidad infinita de hacer soñar. Ha inspirado a generaciones enteras no solo a jugar mejor, sino a creer más en sí mismas.

Una historia se volvió viral durante la pandemia. Un niño africano, sin recursos, había dibujado con marcador el nombre de "Messi" sobre una camiseta improvisada hecha con una bolsa plástica azul y blanca. Aquel gesto, más allá de la precariedad, hablaba de algo inmenso: la capacidad de Messi para encender ilusiones incluso en los rincones más remotos y olvidados del mundo.

En una entrevista, Messi dijo una frase que condensa toda esta dimensión: "Si inspiro a un niño a seguir su sueño, ya vale la pena todo lo que hice". Lo ha hecho. Y no a uno, sino a millones.

Lionel Messi jamás se ha proclamado guía moral, ni líder espiritual de ninguna generación. No lanza discursos motivacionales en redes sociales, no escribe libros de autoayuda, no exige que lo sigan. Pero precisamente por eso, por esa reticencia a ser modelo, se ha convertido en el ejemplo más puro y espontáneo del deporte moderno.

"No quiero ser un ejemplo para nadie. Solo hago lo que siento y lo que me gusta", declaró en una entrevista con el periodista español Jordi Évole. Pero la realidad lo contradice a diario: Messi es ejemplo no por elección, sino por coherencia.

En un mundo donde muchos atletas buscan visibilidad con gestos grandilocuentes, él representa el poder del silencio. Nunca necesitó golpes en el pecho, ni frases altisonantes, ni *selfies* desde el gimnasio. Su vida habla por él. Su constancia, su respeto al rival, su capacidad para sobreponerse al dolor sin teatralidad ni excusas. Su forma de ganar y también de perder.

"Es un tipo normal que hace cosas extraordinarias", dijo alguna vez su compañero Gerard Piqué. Y esa es quizás la clave de su magnetismo: Messi no actúa, no interpreta un papel, no se viste de ídolo. Es un chico de Rosario que jamás dejó de serlo, incluso con siete Balones de Oro sobre la repisa. "Lo que más me impresiona de Leo es que no se le subió nunca a la cabeza", señaló Javier Mascherano. "Podría haber sido insoportable, y sin embargo es el más sencillo del grupo".

A menudo, se espera de los grandes atletas que enseñen con palabras. Messi enseña con hechos. Cuando bajaba la cabeza tras perder una final con Argentina, lo hacía sin excusas. Cuando lloraba en silencio tras una derrota, mostraba que el dolor también forma parte del camino. Cuando cargaba en brazos a Thiago o abrazaba a Antonela, recordaba que la grandeza no está reñida con la ternura.

El periodista argentino Martín Caparrós lo expresó con contundencia: "Messi no quiere ser ejemplo, pero lo es porque no pretende enseñar nada. Y esa humildad genuina lo convierte en el más poderoso de los referentes".

Incluso en momentos difíciles, cuando el mundo lo miraba con lupa —como tras anunciar su renuncia a la selección en 2016—, lo hizo con la verdad en el rostro, sin construir un relato heroico. Se fue sin culpar a nadie. Volvió sin exigir condiciones. "Sentí que era lo mejor en ese momento", dijo. Y millones entendieron que la vulnerabilidad también forma parte del camino de los fuertes.

Ser ejemplo sin proponérselo. Ser faro sin querer iluminar. Ser símbolo sin discurso. Messi es eso: una coherencia entre lo que hace, lo que no dice y lo que representa. Por eso lo siguen. Por eso lo creen. Porque no lo busca. Porque simplemente es.

La pregunta resuena desde hace años en bares, tertulias, redes sociales y portadas de revistas deportivas: ¿es Lionel Messi el mejor futbolista de todos los tiempos? La discusión suele recurrir a cifras, récords, títulos, goles, asistencias. Y en ese terreno, Messi impresiona como pocos. Pero reducir su grandeza a un conjunto de estadísticas sería como intentar explicar el amor con una fórmula matemática.

"Messi es de otro planeta", dijo Diego Maradona. "Pero vino a jugar al nuestro", añadió con su ironía habitual. Para Pelé, el debate era eterno y sin resolución: "Comparar generaciones no tiene sentido, pero lo que hace Messi es impresionante". Johan Cruyff, quizás el más lúcido de los filósofos del fútbol, lo resumió en una frase rotunda: "Messi es el único jugador que corre más rápido con la pelota que sin ella".

Y sin embargo, más allá de lo que hace con el balón, lo que verdaderamente conmueve de Messi es lo que transmite como ser humano. Su humildad, su reserva, su resistencia a dejarse devorar por el personaje. Su apego a la familia, a las raíces, a los amigos de siempre. Su negativa a convertirse en una superestrella inalcanzable. En tiempos de culto a la celebridad, Messi elige la sombra. En la era de los filtros, él se muestra real. En la industria del grito, él susurra.

"No sé si soy el mejor. Solo intento superarme cada día", repite con una modestia desconcertante. Pero sus compañeros, rivales y entrenadores lo confirman una y otra vez. Andrés Iniesta dijo: "No habrá otro igual".

Xavi, que lo vio crecer desde la Masía, afirmó: "Es el más completo que vi jamás, y además es una buena persona". Luis Enrique lo definió como "el líder silencioso que predica con el ejemplo".

La FIFA, el Balón de Oro, los récords Guinness, las camisetas enmarcadas en todos los rincones del mundo son testigos de su impacto. Pero ningún trofeo es tan revelador como la emoción que despierta en la gente común, en ese niño que aprende a amar el juego por verlo jugar, en ese padre que comparte con su hijo una jugada suya como si fuera un ritual sagrado.

Y en el fondo, quizá esa sea la respuesta. ¿El mejor? ¿El más talentoso? ¿El más ganador? Probablemente sí. Pero sobre todo, Messi es el más humano de los genios. No por sus fallos, sino por su manera de levantarse tras cada caída. No por sus lágrimas, sino por la forma en que las convierte en coraje. No por lo que dice, sino por todo lo que inspira sin decir una palabra.

Al final, como escribió el periodista Hernán Casciari en una de las crónicas más sentidas sobre el argentino: "Cuando juega Messi, no hay crisis. El mundo se pone en pausa. Todo parece tener sentido". Y eso, más allá de cualquier debate, ya es un milagro.

QUINTA PARTE:
El hombre detrás del ídolo

13. El Messi íntimo

La historia de Lionel Messi no puede entenderse sin ella. Antonela Roccuzzo ha estado ahí desde el principio, desde antes de que el mundo lo viera como un prodigio, desde antes de los goles, los títulos, los estadios coreando su nombre. Estuvo cuando todo era barrio, bicicleta y tardes de fútbol interminables a la orilla del río Paraná. Estuvo cuando Lionel aún era "el nieto de Celia", tímido y menudo, que se sonrojaba cuando la veía pasar.

Se conocieron siendo apenas unos niños, en Rosario. Ella, prima de Lucas Scaglia, uno de los compañeros de equipo de Messi en las divisiones inferiores de Newell's. Él, ese chico silencioso que escribía cartas para verla y que preguntaba insistentemente si iría a jugar. "¿Va a venir Antonela?", cuentan que decía cada vez que Lucas lo invitaba a su casa. Una frase sencilla, de niño, pero que encerraba ya una certeza profunda: su corazón había elegido muy temprano.

La vida, sin embargo, los separó por un tiempo. Cuando Messi emigró a Barcelona en busca del milagro que lo hiciera crecer —literal y futbolísticamente—, ella continuó su vida en Rosario. Hubo años de silencio, de caminos paralelos. Pero en 2005, una tragedia los volvió a reunir: el fallecimiento de una amiga cercana de Antonela hizo que Lionel viajara a Rosario para acompañarla. Y desde ese momento, ya no se volvieron a separar.

"Ella es todo para mí", dijo Messi años después, cuando ya compartían casa, hijos y una vida juntos. "Es la mujer que siempre estuvo ahí. Me conoce mejor que nadie". No lo dijo con grandes gestos ni frases ensayadas. Lo dijo como es él: con serenidad, con verdad. Su relación ha sido de una discreción admirable. Sin escándalos, sin titulares forzados, sin necesidad de vender su intimidad. En un mundo donde muchas parejas famosas viven expuestas, ellos construyeron su refugio lejos del ruido. Se casaron en 2017 en Rosario, en una ceremonia que fue tan mediática como íntima. La boda, celebrada en el City Center, fue calificada como "la boda del año" por los medios argentinos, pero para ellos fue simplemente una celebración con los de siempre. La ciudad que los vio crecer fue testigo de ese lazo que nunca se rompió.

Juntos han criado a sus tres hijos: Thiago, Mateo y Ciro. Y cada vez que Messi habla de ellos, lo hace con los ojos brillando. "Cuando estoy con mi familia, soy feliz. Es lo único que necesito", ha dicho en más de una ocasión. La imagen del astro abrazando a Antonela y sus hijos tras conquistar el Mundial en Qatar dio la vuelta al mundo. Y muchos vieron allí, más allá de la gloria futbolística, la plenitud de un hombre que lo ha ganado todo, pero que entiende que su mayor trofeo es el amor que lo acompaña desde siempre.

Antonela no concede entrevistas. No busca protagonismo. Pero su presencia es constante, firme, silenciosa. Es la que lo sostiene cuando las críticas arrecian, la que celebra con él sin estridencias, la que le recuerda quién es cuando todos lo quieren convertir en otra cosa. "Es mi compañera de vida", resume él.

Si Messi es el genio que asombra al mundo, Antonela es el hogar que le permite seguir siendo humano. Y en esa historia de amor que comenzó entre pelotas de trapo y timideces de infancia, hay una lección tan poderosa como cualquiera de sus goles: los sueños más altos también se sostienen en los amores más humildes y fieles.

Cuando se apagan las luces del estadio y se vacía el vestuario, cuando los micrófonos ya no persiguen sus palabras y las cámaras buscan otros focos, Lionel Messi se convierte, simplemente, en papá. En ese rol no hay gambetas ni trofeos, pero hay algo aún más valioso: la risa de sus hijos, los dibujos infantiles colgados en la nevera, el deber de acostarlos tras un cuento. Y en ese espacio íntimo, sin público ni ovaciones, es donde se revela una faceta profunda y entrañable del hombre detrás del ídolo.

"Ser padre te cambia todo", confesó en una entrevista. "Te cambia la mirada, te cambia las prioridades. Ya no pensás solo en vos, ni siquiera en el fútbol. Todo gira en torno a ellos". La llegada de Thiago, su primogénito, en 2012, marcó un antes y un después en su vida. Messi, que hasta entonces vivía para el balón, descubrió que había otra manera de ganar: ganarse una sonrisa, una caricia, una mirada de admiración incondicional.

Después llegaron Mateo, en 2015, y Ciro, en 2018. Tres nombres, tres personalidades distintas, tres pequeñas revoluciones domésticas. "Mateo es terrible", bromeó en más de una ocasión. "Hace chistes, me carga cuando perdemos, celebra los goles de los rivales solo para molestarme". Y lo decía con orgullo, con ternura, con esa risa de padre que se reconoce en los gestos traviesos de sus hijos. Sobre

Thiago, en cambio, decía: "Es más tímido, más parecido a mí. Le gusta el fútbol, pero no lo fuerza". Y Ciro, el más pequeño, aún en edad de descubrir el mundo, es ese último capítulo de una historia familiar que Messi escribe con devoción diaria.

Antonela, su esposa, ha dicho en varias oportunidades que Leo cambia de cara cuando cruza la puerta de casa. Se saca los botines, se pone el delantal invisible del padre presente, y se dedica de lleno a sus hijos. "Es muy compañero, muy cariñoso. Está encima de ellos todo el tiempo. Les prepara el desayuno, los lleva al colegio, juega en el piso", ha contado.

En las redes sociales, donde Messi rara vez expone demasiado, cada foto con sus hijos es una explosión de ternura. El delantero que dribla defensas como si fueran conos, se deja pintar la cara con témperas, se disfraza con ellos, les sostiene la bicicleta. El líder de Argentina y el Barcelona se convierte en arquero improvisado para que Mateo le dispare penales en el jardín. Allí no hay estadios ni medallas. Solo un papá que quiere estar.

Durante el Mundial de Qatar, los tres hijos estuvieron en la tribuna en cada partido, con camisetas que decían "Papá, te amamos" y banderas escritas a mano. Y cuando Argentina se consagró campeona del mundo, Messi no corrió hacia los focos: corrió hacia ellos. El beso a Antonela, el abrazo a los niños, la foto familiar en medio de la euforia colectiva... fue la escena más íntima en la noche más pública. Una consagración del hombre completo.

"Quiero que me recuerden como una buena persona, más allá de lo que hice como futbolista", dijo Messi en una entrevista en *TyC Sports*. Quizá ese legado se escriba primero en las páginas de sus hijos. En sus juegos, en sus recuerdos, en las historias que contarán del papá que los llevó al colegio con la misma dedicación con la que llevó a su país a la gloria.

En un mundo donde las figuras públicas muchas veces se diluyen en personajes de cartón, Messi reafirma su verdad en lo doméstico, en lo cotidiano, en lo esencial. El mejor del mundo, sí. Pero, sobre todo, el mejor en casa.

En un mundo de excesos y reflectores, Lionel Messi representa una anomalía. No es habitual que el mejor futbolista del planeta lleve una vida casi monástica, alejada del ruido, sin excentricidades ni escándalos. Pero así ha sido desde siempre: una estrella que no brilla para deslumbrar, sino para iluminar sin molestar.

Mientras muchos de sus colegas exhiben sus relojes de lujo, fiestas opulentas o amistades estridentes, Messi prefiere la calma del hogar, el asado con amigos de la infancia, los paseos con Antonela y sus hijos, la rutina que lo conecta con la tierra. Vive como si no fuera Lionel Messi. Como si el peso de ser el más admirado no le modificara el paso ni le alterara el tono.

"Lo único que le gusta es estar con su familia, ver partidos, jugar a la Play, tomar mate. No necesita nada más", dijo su hermano Rodrigo en una entrevista. Los testimonios de quienes lo conocen de cerca coinciden: es simple, austero, incluso tímido. Nunca se sintió cómodo en alfombras rojas ni galas de lujo. "Prefiero quedarme en casa que salir a una fiesta", confesó en varias entrevistas.

Su casa en Castelldefels, una localidad a las afueras de Barcelona, no era un castillo de extravagancias sino un refugio. Desde el jardín se podía ver el mar. Allí jugaba con sus hijos, recibía a su madre, cocinaba con Antonela. No había escándalos, ni paparazzis acechando desde helicópteros. Había rutina. Y eso era lo extraordinario.

Messi es, en palabras del periodista argentino Martín Caparrós, "una figura pública que se comporta como si fuera privada". No hay registros de peleas con otros jugadores, ni declaraciones altisonantes, ni actitudes provocadoras. Cuando se molestaba, callaba. Cuando ganaba, agradecía. Cuando perdía, se iba con la cabeza baja. En todos los casos, su conducta fue coherente, y su silencio, elocuente.

Incluso en los momentos más difíciles —como su partida del Barcelona o las duras críticas recibidas en Argentina—, jamás perdió el control. Jamás respondió con rabia. Su único descargo fue siempre en la cancha.

"No necesita inventarse un personaje para gustar", dijo Andrés Iniesta. Y eso, en la época de las redes, es casi revolucionario. Su cuenta de Instagram, que tiene más de 500 millones de seguidores, no muestra lujos sino escenas cotidianas: una foto familiar, un entrenamiento, un cumpleaños. En lugar de filtros, realidad. En lugar de polémicas, fútbol.

Esa vida sin escándalos no es una pose, es su forma de estar en el mundo. Una elección consciente. Un estilo de vida. El mismo Messi que ha levantado Copas del Mundo y Balones de Oro es el que hace las compras en un supermercado en Rosario, el que va a buscar a sus hijos al colegio, el que juega con ellos en pijama.

"Siempre quise que me conocieran por lo que hago dentro de la cancha", dijo en una ocasión. Y así ha sido. Todo lo demás, lo ha protegido con celo. Y quizás ahí reside su mayor triunfo: ser, en lo más alto, el mismo chico de barrio que nunca necesitó fingir.

Lionel Messi ha sido durante dos décadas una figura global, universal. Pero jamás dejó de ser también un hombre de barrio. Aun rodeado por presidentes, estrellas de cine o jeques millonarios, su corazón sigue anclado en Rosario, en la infancia compartida con sus hermanos, en los partidos informales del barrio Las Heras, en la lealtad de los que estaban antes de la fama.

Messi tiene tres hermanos: Rodrigo, Matías y María Sol. Cada uno desempeñó un papel distinto en su vida, pero todos fueron parte del muro invisible que lo protegió del vértigo de la fama. Rodrigo, el mayor, se convirtió en una suerte de manager informal: coordina entrevistas, cuida su imagen, gestiona compromisos. Matías ha estado más vinculado a tareas administrativas en la Fundación Messi. Y María Sol, la menor, es quien aparece en las redes sociales de Leo como símbolo de ternura, la hermana que lo sigue tratando como al niño que fue.

La familia siempre ha sido una especie de "trinchera emocional" para él. Jorge, su padre, ha sido su representante desde el principio. Celia, su madre, su refugio. Pero también lo han sido sus primos, tíos y amigos de la infancia, muchos de los cuales siguen a su lado. "Messi no corta, no olvida. Mantiene vínculos con gente que conoció cuando no era nadie", aseguró un periodista de Rosario que lo vio crecer.

En cada regreso a Argentina, en cada visita a Rosario, Messi vuelve a ser "el Leo". No el astro, no el ídolo planetario. Es el chico que baja al kiosco de siempre, que saluda a todos por su nombre, que juega a las cartas en el patio de la casa familiar. Aquel que prefiere una cena con amigos de la infancia antes que una gala de la FIFA.

Uno de esos amigos es Lucas Scaglia, primo de Antonela y compañero de Newell's, que fue parte esencial del vínculo que uniría a Lionel con su futura esposa. Otro es Tomi, con quien jugaba a la PlayStation hasta entrada la madrugada en sus años de adolescencia. "Él era como siempre: callado, competitivo y obsesionado por ganar. Pero también gracioso, buen compañero, muy de cuidar a los suyos", contó alguna vez en una entrevista.

Hay una anécdota reveladora: en 2010, cuando ya era una superestrella, Messi organizó en Rosario un partido benéfico. Pidió expresamente que lo acompañaran sus amigos de toda la vida. Ningún gran nombre, ningún reclamo de fama. Solo quería estar con "los pibes del barrio". Y después del evento, se fue a comer un asado con ellos, en zapatillas, riendo como si el tiempo no hubiera pasado.

Ese círculo íntimo lo acompaña incluso en sus mudanzas internacionales. En Barcelona, en París, en Miami. Son rostros que lo calman, voces que lo devuelven a la raíz. Messi no necesita un séquito de aduladores. Necesita a los que le dicen la verdad, a los que no se impresionan con sus goles, a los que lo siguen llamando Leo, sin reverencias.

Escribió Hernán Casciari: "El mayor talento de Messi no es con la pelota, sino con la gente. Sabe elegir con quién estar, a quién cuidar, y a quién no traicionar jamás". Y tal vez ese sea uno de los secretos mejor guardados de su grandeza.

Pocas imágenes resumen tan bien la esencia de Lionel Messi como su sonrisa. No la sonrisa impostada del protocolo, ni la del gol que va directo a las portadas, sino esa otra: la sonrisa que nace cuando juega a la pelota como si tuviera diez años, como si en lugar de estadios hubiera un potrero, y en lugar de cámaras, su abuela mirándolo desde la tribuna.

Esa sonrisa es la prueba de que el niño que soñaba en Rosario no se ha ido, solo creció. Ha cargado el peso de la gloria y la presión de un país entero, ha vivido el vértigo de la fama y la tensión de las finales, y sin embargo, en medio de todo eso, sigue riendo como si el fútbol fuera todavía un juego, como si cada partido fuera una recreación del recreo.

"Messi sonríe con los ojos", escribió alguna vez un periodista francés después de verlo entrenar en el PSG. Y es cierto. Hay en él una especie de alegría silenciosa, contenida pero contagiosa, que emerge en los pequeños gestos: un túnel perfecto, un pase imposible, una pared bien devuelta. Su felicidad no es estridente, no necesita euforia. Es profunda, infantil, auténtica.

Esa autenticidad fue lo que conmovió incluso a sus rivales. Thierry Henry dijo: "Cuando Messi se ríe, el fútbol sonríe con él". Dani Alves confesó que lo que más extrañaba de jugar con él no era su talento —que era inigualable—, sino "verlo disfrutar como un nene que no quiere que se termine el recreo".

Durante la Copa del Mundo de Qatar 2022, cuando Argentina ya estaba en semifinales, las cámaras captaron una escena entrañable: Messi jugando con un balón en la entrada del vestuario, solo, como abstraído, dando toques como si fuera un chico en la plaza. No había tensiones, no había cálculo. Solo placer. Solo fútbol.

Y es que para él todo comienza y termina ahí. El fútbol es su lenguaje, su refugio, su forma de estar en el mundo. Lo demás —los contratos, los títulos, los focos— es secundario. "Yo disfruto jugando. Eso no cambia. Desde que era chiquito, es lo único que me hace feliz de verdad", dijo en una entrevista en 2018. Y no se le puede no creer.

Cuando alza la Copa América y llora, cuando abraza a sus hijos en el césped, cuando hace reír a Antonela con un gesto torpe… ahí también aparece ese niño. Uno que nunca pidió ser ídolo, ni quiso ser leyenda. Uno que, a pesar de todo, sigue creyendo que jugar es la mejor manera de vivir.

Esa es la sonrisa de Messi. No es solo un gesto en su cara. Es una declaración de principios. El niño sigue ahí. Y por suerte, nunca se fue.

14. El nuevo horizonte

Ningún cuento de hadas está completo sin un momento de quiebre. En la historia de Messi, ese instante llegó el 5 de agosto de 2021, cuando el Fútbol Club Barcelona anunció oficialmente que no podía renovar el contrato de su mayor ídolo. El final que nadie imaginaba. La despedida que parecía imposible.

Lionel Messi había llegado al Barça con trece años, un niño pequeño con una enfermedad de crecimiento y una pelota como salvavidas. Dos décadas después, se iba convertido en el máximo goleador del club, en el jugador más laureado de su historia, en un símbolo tan grande como la camiseta azulgrana. Y sin embargo, se iba. Sin ovación en el Camp Nou. Sin partido de despedida. Sin goles de adiós. Solo lágrimas.

"Estoy muy triste porque tengo que irme del club", dijo entre sollozos en la rueda de prensa más dolorosa de su vida. Fue la primera vez que lo vimos llorar así en público. Su voz se quebraba al intentar explicar lo inexplicable. "Hice todo lo posible por quedarme. Pero no se pudo".

Las razones eran económicas, contractuales, administrativas. La crisis del club, los límites salariales impuestos por LaLiga, la falta de gestión directiva. Pero detrás de las cifras había algo más profundo: una ruptura emocional entre un jugador que había dado todo y una institución que, en sus horas más oscuras, no supo retenerlo.

Aquella mañana de agosto, el auditorio del Camp Nou fue testigo de una escena irrepetible. Messi entró entre aplausos, sin corbata, vestido de manera sobria. Se sentó frente al micrófono, intentó hablar y se quebró. Antonela, sus hijos, sus amigos, sus excompañeros… todos lo miraban en silencio. Era el fin de una era.

"Estuve toda mi vida acá. Desde los trece años. Me voy después de más de 20 años. Me voy con mi mujer, con tres hijos catalanes-argentinos", dijo. Y añadió: "Volveremos, eso está claro".

Su salida fue también el reflejo de lo que el fútbol moderno ha llegado a ser: una industria donde los vínculos humanos muchas veces quedan relegados por números, cláusulas y balances. Pero para Messi no fue así. Él no se fue por voluntad. Se fue porque no lo dejaron quedarse.

Los hinchas, desconcertados, inundaron las calles de Barcelona. Hubo vigilias improvisadas frente al estadio, banderas colgadas con mensajes como "Gracias por tanto, Leo" y "Esto no es un adiós". Para muchos culés, fue como perder a un familiar.

Y sin embargo, incluso en ese momento desgarrador, Messi mantuvo la dignidad. No reprochó. No acusó. No hubo rencor. Solo tristeza, gratitud y un mar de recuerdos compartidos. Reseñó el periodista Ramón Besa:

"Messi no se va del Barça, lo arrancan. Y al arrancarlo, desgarran también una parte del alma del club".

Aquel adiós fue más que una rueda de prensa. Fue el cierre de un capítulo que había durado 21 años, marcado por la magia, el sacrificio y una fidelidad pocas veces vista en el fútbol de élite. Y aunque se fue físicamente, nadie duda de que Messi siempre será del Barça. Y el Barça, siempre de Messi.

Tras la tormenta emocional del adiós al Barcelona, Lionel Messi aterrizó en París como un ícono sin patria. La imagen de su llegada al Paris Saint-Germain, saludando desde el aeropuerto con una camiseta que decía "Ici c'est Paris", recorrió el mundo como símbolo de una nueva era. Pero detrás del marketing, las luces de la Torre Eiffel y el revuelo mediático, había un Messi todavía herido. Su sonrisa era tímida, forzada. Su mirada no mentía: no estaba allí por deseo, sino por necesidad.

"Fue un cambio duro. Yo no quería salir del Barcelona", reconoció en su primera entrevista como jugador del PSG. Y lo fue en todos los sentidos. Nuevo país, nueva lengua, nueva liga, nuevo vestuario. Por primera vez en su vida adulta, Leo era el nuevo.

El París Saint-Germain le ofrecía lo que el Barça ya no podía: un contrato millonario, una plantilla plagada de estrellas, y la oportunidad de seguir compitiendo en la élite. Pero no era su casa. No estaba Antonela esperándolo en la puerta de La Masía. No estaban sus amigos de toda la vida, ni los pasillos que había recorrido desde adolescente. Era un lugar de paso, no de pertenencia.

La afición parisina lo recibió con fervor. El Parque de los Príncipes rugió al verlo por primera vez enfundado en la camiseta número 30, la misma con la que debutó en el Barcelona. Pero el vínculo nunca fue profundo. A diferencia de Cataluña, donde Messi era dios, en París fue estrella. Admirado, sí, pero también exigido sin tregua.

Y el terreno de juego reflejó ese desarraigo. En su primera temporada en la Ligue 1 (2021–2022), anotó solo 6 goles en liga. Fue su cifra más baja desde que comenzó su carrera profesional. "No fue fácil adaptarme. Venía de otra cultura, otro club, otro estilo de juego. Me costó", confesó. Y agregó: "Extrañaba todo".

El vestuario parisino, lleno de egos y figuras, tampoco ofrecía la química de los viejos tiempos con Xavi, Iniesta o Suárez. Si bien su amistad con Neymar ayudó en la transición, la convivencia futbolística con Mbappé fue más protocolaria que natural. El PSG era una constelación de talentos, pero no una familia.

Incluso en la Champions League, la gran obsesión del club, las cosas no fluyeron. La eliminación en octavos de final ante el Real Madrid, con una remontada dolorosa, dejó a Messi en el ojo del huracán. Por primera vez, fue abucheado por su propia afición. El Parc lo silbó. Él no respondió. Solo bajó la cabeza y siguió entrenando. Como siempre.

La prensa francesa, en su mayoría, fue severa. "El rey está desnudo", tituló *L'Équipe*. Otros lo defendieron. Thierry Henry, ídolo del Barça y del Arsenal, dijo: "¿Cómo vas a juzgar a Messi por una temporada? Es el mejor. Dale tiempo".

Ese tiempo llegó. En la segunda temporada, sus números mejoraron: 16 goles y 16 asistencias en liga. Pero la sensación de desarraigo seguía. En junio de 2023, el ciclo terminó. El PSG anunció su salida sin homenajes, sin ceremonia, sin lágrimas. Fue un cierre frío, administrativo, distante. Como había comenzado.

"Gracias a Leo por estas dos temporadas en París", fue el escueto comunicado del club. Messi, por su parte, agradeció "a los compañeros y a los que realmente lo acompañaron", con una frase final que resonó entre líneas: "Me hubiera gustado algo diferente".

Así fue el paso de Messi por París: breve, brillante a ratos, pero sin alma. Una estación en su viaje. Un puente entre su pasado en el Barcelona y un futuro más sereno, más familiar, más libre. Y es que Messi no nació para ser fichaje. Nació para pertenecer.

Cuando Lionel Messi anunció que jugaría en el Inter de Miami, muchos lo vieron como el epílogo de una carrera gloriosa. Para otros, fue una sorpresa: se hablaba del regreso al Barcelona, de un destino exótico como Arabia Saudita, o incluso del retiro. Pero él eligió Miami. No solo por el fútbol. "Quería pensar en mi familia, en la tranquilidad", explicó. Y es que, tras más de dos décadas en la alta competición europea, Messi necesitaba algo más que trofeos: necesitaba paz. "Fue una decisión familiar", dijo Antonela Roccuzzo. La ciudad, la comunidad latina, el clima, la cercanía cultural, todo encajaba. Por primera vez, Lionel no pensaba solo como jugador, sino como padre y esposo.

Su llegada a Estados Unidos fue, sin embargo, un terremoto mediático. David Beckham, copropietario del club, confesó entre lágrimas: "Soñamos con esto desde que fundamos el Inter. Tener al mejor de todos los tiempos aquí es histórico". El estadio DRV PNK se llenó de camisetas rosas con el número 10, y la MLS entró en una nueva dimensión. Messi no solo era fichaje: era fenómeno.

Pero detrás del espectáculo había un hombre que volvía a disfrutar. "Acá soy feliz", dijo con una sonrisa desarmante. Y se notaba. Lo vimos pasear en bicicleta con sus hijos por las calles de Fort Lauderdale, comer en restaurantes sin cámaras escondidas, asistir a conciertos, ir a ver partidos de NBA. En Miami, Messi volvió a ser persona.

El impacto fue inmediato. En su debut con el Inter, marcó un gol de tiro libre en el último minuto. El estadio explotó. LeBron James, Serena Williams, Marc Anthony, todos lo aplaudían. Messi no celebró con aspavientos: simplemente levantó los brazos y sonrió. "Era como si le estuviera diciendo al mundo: Estoy bien, estoy en casa", escribió *The New York Times*.

En pocas semanas, transformó un equipo sin historia en un contendiente. Ganaron la Leagues Cup y disputaron la final de la U.S. Open Cup. Pero más allá de los títulos, lo que impactó fue su actitud: liderazgo silencioso, alegría, humildad. El mismo Messi de siempre, pero más suelto, más relajado, más humano.

Jordi Alba y Sergio Busquets, viejos amigos del Barcelona, se unieron al proyecto. El reencuentro no fue solo futbolístico: era emocional. Se notaba en cada pase, en cada abrazo tras un gol. "Estamos juntos otra vez, pero sin presión", dijo Busquets. Y eso era todo: fútbol y familia, en su forma más pura.

Los niños también lo vivieron de otro modo. Thiago, Mateo y Ciro iban al estadio, celebraban desde la grada, corrían al césped tras cada partido. Antonela, siempre discreta, lo acompañaba con la misma complicidad de Rosario. "Aquí, Leo no necesita disfrazarse de estrella. Solo necesita ser él", dijo Jorge Mas, presidente del Inter.

En Miami, Messi se redescubrió. No como el mejor del mundo, sino como el hombre que nunca dejó de ser niño, el que juega porque ama el juego, no por obligación. Y en ese juego sin presiones, volvió a brillar.

"Mi carrera fue más de lo que soñé. Ahora quiero disfrutar", confesó. Y lo está haciendo. Porque cuando el balón rueda entre sus pies, sigue pasando lo mismo que cuando tenía cinco años en Rosario: el mundo se detiene y solo queda el fútbol.

Para Lionel Messi, cada cambio de camiseta ha sido más que un giro profesional: ha sido una mudanza emocional. Y sin embargo, a pesar del paso de los años, los países, los clubes y las circunstancias, hay algo que nunca ha cambiado: su forma de entender el juego, su manera de estar en el mundo. Porque Messi, aun cuando todo a su alrededor se transforma, sigue siendo el mismo.

En Miami no viste de azulgrana ni de celeste y blanco, pero el alma que lo mueve continúa intacta. Su fútbol no ha perdido pureza, ni su mirada ha perdido esa mezcla de concentración y asombro con la que enfrenta cada partido. Es el mismo que en Rosario se escapaba a patear con los amigos del barrio, el mismo que en Barcelona deslumbraba en los entrenamientos juveniles con su zurda ingobernable. Hoy juega en estadios más pequeños, con rivales distintos, pero su motivación nace del mismo lugar: del amor incondicional al balón.

"Lo que más me gusta es jugar a la pelota. Todo lo demás viene después", repite como una letanía desde hace más de veinte años. Y esa frase resume su esencia: no juega para la fama ni para las portadas; juega porque siente que fue hecho para eso. Incluso en su etapa en la MLS, lejos de los focos europeos, su entrega sigue siendo total. Corre, presiona, asiste, se enoja cuando pierde. No hay espectáculo, hay autenticidad.

A su alrededor, el mundo ha cambiado. Las redes sociales lo han convertido en un mito vivo, en una figura global de proporciones bíblicas. Pero Messi ha resistido la tentación de convertirse en una caricatura de sí mismo. No se excede en declaraciones, no presume de sus logros, no entra en polémicas. Cuando le preguntan por sus récords, responde con una sonrisa breve: "Eso ya pasó. Ahora quiero disfrutar con mi familia".

Y en eso está. Su entorno íntimo —Antonela, sus hijos, sus amigos de siempre— es su escudo y su refugio. Lo acompañan con discreción, con cariño, con esa normalidad que él siempre ha defendido. "Messi no es un actor de su propia vida, es un hombre que eligió no traicionar al niño que fue", escribió un cronista argentino.

En esta etapa, más que títulos o goles, lo que transmite es *serenidad*. No tiene que demostrar nada, no tiene que convencer a nadie. Es un hombre que lo ganó todo, pero que se mantiene con los pies en la tierra. Un símbolo que podría vivir rodeado de lujo, pero que prefiere los pequeños placeres: llevar a sus hijos al colegio, comer un asado con amigos, entrenar en silencio.

Y, sobre todo, jugar. Porque Messi sigue jugando. Sigue dejando rivales atrás con una finta mínima, sigue inventando pases que parecen salidos de otra dimensión, sigue marcando goles con la misma delicadeza de siempre. En el ocaso de su carrera, su fútbol no se ha apagado: ha madurado, ha ganado densidad, ha dejado de ser promesa para convertirse en legado.

Tal vez esa sea la mayor enseñanza que deja esta nueva etapa: que se puede cambiar de continente, de idioma, de liga... y seguir siendo fiel a lo más profundo de uno mismo. Messi no ha dejado de ser Messi. Ni el éxito, ni el tiempo, ni la fama lo han desviado de su camino. Su espíritu, intacto, lo sigue guiando. Y mientras eso ocurra, seguirá siendo —a cualquier edad y en cualquier campo— el niño prodigio que desafió al destino.

Durante años, a Messi se le exigió más que a ningún otro. No bastaba con sus goles, sus títulos, su fidelidad a un estilo. Siempre había un "pero". "Sí, pero solo ha triunfado en el Barça". "Sí, pero no canta el himno". "Sí, pero no gana con Argentina". Cada hazaña parecía abrir una nueva expectativa. Y él, en silencio, respondía con fútbol.

Pero ha llegado el momento en que ya no tiene que responder a nadie. A sus 36 años, Lionel Messi ha completado todos los círculos. Ha sido campeón de América y del mundo, ha batido récords que parecían imposibles, ha sido reconocido con siete Balones de Oro, ha superado las 800 anotaciones oficiales, ha dejado huella en tres continentes y ha emocionado a generaciones. ¿Qué más se le puede pedir a un hombre que ya lo ha dado todo?

"El fútbol me lo dio todo, pero también me pidió mucho", ha confesado. Porque detrás del ídolo está el ser humano que cargó con una presión inmensa desde los trece años, cuando dejó Rosario para cruzar el Atlántico. Desde entonces, su vida estuvo marcada por la expectativa constante. Y sin embargo, nunca lo vimos perder la compostura. "Messi nunca gritó su grandeza, la dejó en los pies", escribió alguna vez Jorge Valdano.

Ese niño callado convertido en leyenda ya no necesita demostrar nada. Juega por placer, por lealtad a sí mismo. Cuando eligió ir al Inter de Miami, no buscó un último contrato multimillonario en Europa ni prolongar artificialmente su dominio. Eligió algo más íntimo: una etapa de disfrute, en familia, sin la carga de tener que convencer al mundo.

Y aun así, sigue sorprendiendo. Porque incluso sin obligación, sigue siendo Messi. "Podría haberse relajado, pero no sabe jugar a otra cosa que no sea a ganar", comentó

Gerardo Martino, su técnico actual. Cada vez que pisa el césped, sigue dejando pinceladas de genio, como si su cuerpo se resistiera a decir adiós.

Sus compañeros lo miran con devoción, los rivales lo respetan, y el público —sea en Argentina, España, Estados Unidos o cualquier rincón del mundo— se rinde con una sonrisa emocionada. "Ya no lo ves solo con los ojos del hincha, lo ves como testigo de una época irrepetible", dijo un periodista al verlo jugar en Miami.

El Messi actual es un hombre sereno. Ha hecho las paces con la historia. Ya no le duele tanto el juicio de su país ni el peso de las finales perdidas. La Copa del Mundo, al fin, cerró la herida más honda. Su legado, antes disputado, ahora es incuestionable. Y él lo lleva con la misma humildad con la que empezó: sin escándalos, sin poses, sin discursos rimbombantes.

Cuando lo entrevistan, responde con frases breves. Ya no tiene necesidad de convencer a nadie. Cuando lo abrazan, sonríe con gratitud, pero sin arrogancia. Cuando marca un gol, lo celebra con sus hijos. "No me interesa que me recuerden por ser el mejor, sino por haber sido alguien bueno", dijo en una de sus pocas declaraciones íntimas.

Y quizá ahí radica su verdadera grandeza. En haber conquistado el mundo sin perderse a sí mismo. En seguir siendo aquel chico de Rosario que salía a jugar con los botines prestados y el corazón lleno de sueños. En no haber necesitado nunca el ruido para dejar huella. Messi ya no tiene que demostrar nada. Porque ya lo demostró todo.

EPÍLOGO:
El niño que no debía ser jugador, pero lo fue todo

Nadie lo esperaba. Nadie apostaba por él. Nadie —salvo su familia, su abuela Celia, y algún entrenador sensible a los milagros— creía que ese niño pequeño, de voz bajita y cuerpo frágil, pudiera desafiar las leyes del fútbol moderno. "Era tan chiquito que la camiseta le quedaba como una túnica", recordó un excompañero de Newell's. Y sin embargo, lo hizo todo.

Lo hizo a su modo, sin alzar la voz, sin escándalos, sin frases para los titulares. Messi no pidió ser ídolo, pero lo fue. No prometió ser el mejor, pero lo terminó siendo. "Lo suyo no fue una carrera, fue una sinfonía", escribió el cronista catalán Ramón Besa. Su fútbol no entró por los ojos, sino por el alma.

Aquel niño que recibió un diagnóstico médico que parecía una sentencia —déficit de hormona de crecimiento— terminó por convertirse en el máximo goleador de la historia del Barcelona, de la selección argentina y del fútbol mundial. El mismo que lloró en silencio en las habitaciones de la Masía, venció al tiempo, al dolor, a la presión, y a la duda ajena.

"Nunca imaginé todo lo que iba a vivir. Yo solo quería jugar a la pelota", dijo alguna vez. Y en esa frase —tan simple como definitiva— se resume una vida. Porque Lionel Messi no fue producto del marketing, ni de una narrativa construida. Fue un acto de amor por el juego, de fidelidad a lo esencial. Nunca cambió. Ni cuando alzó la Copa del Mundo, ni cuando fue silbado en su país, ni cuando el mundo lo aclamó.

Fue un capitán sin discursos grandilocuentes, un líder que no impuso, sino que inspiró. "No hablaba. Jugaba. Y con eso alcanzaba", escribió Diego Torres. Y quizá por eso mismo fue el más universal: porque no necesitó compartir idioma, ni religión, ni ideología. Bastaba verlo tocar el balón para entenderlo todo.

Messi no venció solo en el campo. Venció al escepticismo, a la desconfianza, al prejuicio. Venció a quienes decían que era demasiado bajo, demasiado callado, demasiado blando. "El fútbol es de los fuertes", le decían. Y él respondió: "Soy fuerte. Solo que no lo grito".

Hoy, ya no hay dudas. Lionel Messi no fue un jugador más. Fue una era. Fue un milagro cotidiano en forma de pase, de gambeta, de mirada baja. El chico que no debía ser futbolista, lo fue todo. Y más.

Lo fue para los niños que sueñan con una pelota. Para los padres que lo ven como ejemplo de humildad. Para los entrenadores que creen en la paciencia y el trabajo. Para los que alguna vez se sintieron fuera de lugar. Para todos los que, en algún momento, necesitaron creer que la constancia, la bondad y el talento humilde también pueden ganar.

Por eso, cuando algún día alguien pregunte: "¿Quién fue Messi?", bastará con responder: Fue aquel niño que no debía ser jugador, pero terminó escribiendo la historia más hermosa del fútbol.

ANEXOS

Cronología de logros

Lionel Andrés Messi Cuccittini
Nacido el 24 de junio de 1987, Rosario, Argentina

1994

- Ingresa a las divisiones infantiles de Newell's Old Boys, donde se integra a la célebre "Máquina del '87".

2000

- Viaja a Barcelona para realizar pruebas en el club catalán.
- Firma su primer acuerdo con el FC Barcelona en una servilleta de papel, redactada por el entonces secretario técnico Carles Rexach.

2003

- Debuta oficialmente con el primer equipo del FC Barcelona en un partido amistoso contra el Porto (16 de noviembre).

2004

- Debut oficial en Liga con el FC Barcelona (16 de octubre, ante el Espanyol). Tenía 17 años.

2005

- Primer gol oficial con el Barça (1 de mayo ante el Albacete).
- Campeón del Mundial Sub-20 con Argentina en Países Bajos.
- Máximo goleador y mejor jugador del torneo.
- Gana su primera Liga española con el Barcelona.

2006

- Campeón de Champions League con el Barcelona (no disputa la final por lesión).
- Primer Mundial absoluto con la Selección Argentina (Alemania 2006).

2009

- Conquista su primer Balón de Oro.
- Campeón de la Champions League, Liga y Copa del Rey.
- Autor del gol en la final de Champions contra el Manchester United.
- Cierra el año con sextete histórico: 6 títulos en una misma temporada.

2010

- Segundo Balón de Oro consecutivo.
- Gana Liga española y es máximo goleador del campeonato.

2011

- Tercer Balón de Oro.
- Campeón de Champions League ante el Manchester United.
- Marca en la final y es elegido mejor jugador del torneo.

2012

- Récord mundial de goles en un año natural: 91 goles.
- Cuarto Balón de Oro consecutivo.
- Supera el récord de Gerd Müller (85 goles en 1972).

2014

- Subcampeón del mundo con Argentina en Brasil.
- Elegido Balón de Oro del Mundial por la FIFA.
- Se convierte en el máximo goleador histórico del Barcelona.
- También supera el récord goleador de la Liga española (LaLiga).

2015

- Campeón de Champions League, Liga y Copa del Rey con el Barça.
- Conforma el tridente MSN con Suárez y Neymar.
- Gana su quinto Balón de Oro.

2016

- Subcampeón de la Copa América Centenario con Argentina.
- Anuncia su retiro de la selección tras perder la final, pero regresa meses después.

2018

- Mundial de Rusia. Argentina cae en octavos.
- Se convierte en capitán estable de la Selección.

2019

- Sexto Balón de Oro, superando a Cristiano Ronaldo (5).

2020

- Rompe relaciones con el FC Barcelona tras la salida de Bartomeu.
- Entra en conflicto con la directiva pero continúa en el club.

2021

- Gana la Copa América con Argentina en Brasil.
- Primer título con la selección mayor.
- Elegido mejor jugador y máximo asistente del torneo.
- Se despide del FC Barcelona entre lágrimas.
- Ficha por el Paris Saint-Germain (PSG).
- Gana su séptimo Balón de Oro, récord absoluto.

2022

- Gana la Finalissima ante Italia con la Selección Argentina.
- Campeón del Mundial de Qatar 2022.
- Mejor jugador del torneo, 7 goles y 3 asistencias.
- Marca en todas las fases eliminatorias y en la final ante Francia.
- Primer jugador de la historia en marcar en fase de grupos, octavos, cuartos, semifinal y final de un mismo Mundial.

2023

- Se incorpora al Inter de Miami (MLS).
- Campeón de la Leagues Cup, primer título del club.
- Elegido Deportista del Año por la revista *Time*.
- Octavo Balón de Oro, consolidándose como el más laureado.

Logros individuales destacados

- 8 Balones de Oro (2009, 2010, 2011, 2012, 2015, 2019, 2021, 2023).
- 6 Botas de Oro como máximo goleador de ligas europeas.
- Máximo goleador histórico del FC Barcelona y de la selección argentina.
- Récord de goles en un año natural (91 en 2012).
- Jugador con más títulos oficiales en la historia del fútbol (44).

BIBLIOGRAFÍA

Balagué, G. (2013). *Messi*. Barcelona: Cúpula.

Barbero, J. M. (2015). "Messi, ¿el mejor jugador de la historia?". *Revista Líbero*, (13), pp. 24–31.

Bell, J. (2012). *Lionel Messi: The Ultimate Fan Book*. London: Carlton Books.

Bianchi, M. (2022). *La final de nuestras vidas*. Buenos Aires: Planeta.

Caño, A. (2022). "Messi y la eternidad". *El País Semanal*, 25 de diciembre.

Fitzpatrick, L. (2021). "How Lionel Messi Finally Won His International Trophy". *Time Magazine*, 12 de julio.

Foer, F. (2010). *Cómo el fútbol explica el mundo: Un insólito viaje a través del globo*. Madrid: Debate.

Galeano, E. (1995). *El fútbol a sol y sombra*. Madrid: Siglo XXI Editores.

Giggs, R. (2011). "The World's Best Player?". *FourFourTwo Magazine*, (204), pp. 20–26.

Guillem, B. (2016). *Cristiano y Leo: La carrera de dos gigantes*. Madrid: Córner.

Hernández, A. (2021). *Messi: El genio que cambió la historia*. Madrid: Libros Cúpula.

Larrauri, J. (2023). *Campeones: La Argentina de Messi*. Buenos Aires: Sudamericana.

Llopis, A. (2022). "Los 91 goles de Messi en 2012, el récord que parece inalcanzable". *Marca*, 10 de diciembre.

Martí Perarnau, P. (2014). *Herr Pep*. Barcelona: Córner.

Martínez, A. (2019). *Detrás de cada jugada: Messi y la construcción del mito*. Buenos Aires: Ediciones Continente.

Menotti, C. (2020). "Messi y la pureza del juego". *Clarín*, 24 de junio.

Olé (varios autores). (2005–2022). Archivo de crónicas deportivas y entrevistas a Lionel Messi. Buenos Aires: Grupo Clarín.

Pagni, C. (2021). "La Copa que lo cambió todo". *La Nación Revista*, 18 de julio.

Romero, S. (2022). *El camino de los héroes: Qatar 2022*. Madrid: Libros del KO.

Roura, R. (2012). *Messi y el Barça: Una historia de amor y fútbol*. Barcelona: RBA.

Szymanski, S., & Kuper, S. (2014). *Soccernomics*. London: HarperSport.

The Guardian. (2022). "Lionel Messi: Player Profile and Historic Career Overview". *The Guardian*, archivo digital.

UEFA. (2023). *Player Statistics: Lionel Messi*. Consultado en www.uefa.com

**GRACIAS POR COMPRAR
ESTE LIBRO.
DESCUBRE MÁS EN
NUESTRA WEB:**